敬畏之心

AWE

[美]达契尔·克特纳（Dacher Keltner）著　祁长保 译

中国出版集团
中译出版社

AWE: The new science of everyday wonder and how it can transform your life
Copyright © 2024 by Dacher Keltner
Simplified Chinese translation copyright © 2024 by China Translation & Publishing House
All rights reserved.
著作权合同登记号：01-2024-0969

图书在版编目（CIP）数据

敬畏之心/（美）达契尔·克特纳(Dacher Keltner) 著；祁长保译. -- 北京：中译出版社，2024.6
书名原文：AWE: The new science of everyday wonder and how it can transform your life

ISBN 978-7-5001-7815-6

Ⅰ. ①敬… Ⅱ. ①达… ②祁… Ⅲ. 情绪—心理学 Ⅳ. ① B842.6

中国国家版本馆 CIP 数据核字（2024）第 072309 号

敬畏之心
JINGWEI ZHI XIN

著　　者：	［美］达契尔·克特纳（Dacher Keltner）
译　　者：	祁长保
策划编辑：	吕百灵　张孟桥
责任编辑：	张孟桥
文字编辑：	吕百灵
营销编辑：	白雪圆　郝圣超
版权支持：	马燕琦
出版发行：	中译出版社
地　　址：	北京市西城区新街口外大街 28 号 102 号楼 4 层
电　　话：	(010) 68002494（编辑部）
邮　　编：	100088
电子邮箱：	book@ctph.com.cn
网　　址：	http://www.ctph.com.cn
印　　刷：	山东新华印务有限公司
经　　销：	新华书店
规　　格：	880 mm×1230 mm　1/32
印　　张：	9.875
字　　数：	185 千字
版　　次：	2024 年 6 月第 1 版
印　　次：	2024 年 6 月第 1 次

ISBN 978-7-5001-7815-6　　　定价：79.00 元

版权所有　侵权必究
中译出版社

献给罗尔夫·克特纳

玄之又玄,众妙之门。

———老子

推　荐

"作者历时二十年，阐述了对敬畏的深刻洞见。在每一个大洲和每一种可以想象的宗教中都有所体现。克特纳关于敬畏的故事和敬畏学的理解不仅具有强烈的个人色彩，还具有公认的权威性，且被大众所认可。敬畏将我们融入比自我更庞大的系统——自然、音乐、艺术、精神、道德、集体、生命和死亡。克特纳的讲述让我们受益匪浅。读一读吧！"

——苏珊·F. 菲斯克
《社会认知：从大脑到文化》合著者
《嫉妒强者，鄙视弱者：我们如何被地位分化》作者

"这位研究者曾教给我们看待慷慨与合作的新方式，他现在将注意力转向了亟须研究的一种情绪——敬畏。这本书开阔了我们的眼界，拓展了我们的思维。"

——萨拉·布莱弗·赫尔迪
《母性》和《母亲与其他人：相互理解的源头》作者

"在这个充满挑战的时代，我们被那些标题党的媒体，甚至我们自身的思维习惯所蒙蔽，掩盖了我们对于生活中负面因素和潜在威胁的认识。这本书如同一股强大的反作用力，既充满力量又知识广博，以卓越的研究为基础，却又总能引人入胜，为生活注入更多精彩。从体育中的运动之美到朋友间的道德勇气，它指引我们如何发现并体验身边的奇迹，让我们的意识保持平衡。我已经很久没有读过这样鼓舞人心的文字了，我要说的是，赶快去读吧，你不会失望的。"

——克劳德·M.斯蒂尔

斯坦福大学心理学名誉教授

"针对一种情绪，达契尔·克特纳撰写了一篇极具个人色彩和科学才华的论文。他让我们相信，我们需要在日常生活中更频繁地去体验和感受这种情绪。"

——理查德·E.尼斯比特

《逻辑思维：拥有智慧思考的工具》作者

序 言

谈谈敬畏

站在千年的古树面前，我们能体会到精神层面的一种不可思议的感觉。这种感觉就是敬畏，它总是在你的生活中出现和演变，而且充满了神秘。

敬畏，就是你在读诗听曲、登山临海、与你景仰的人相遇或是领受他人的无私帮助中所体会的那种惊叹、升华、身体缩小、脊背发凉的感觉。敬畏，就是你懂得欣赏广阔而普遍的事物，超越了目前你对世界的理解状态。敬畏，就是当我们遇到我们不了解的巨大奥秘时所体验到的情绪。在感受敬畏那一刻，你的自我意识会变弱——这实际上是默认模式网络（DMN）的失活，而默认模式网络是自我驻留在大脑中的地方。

你会感到前所未有的谦卑和安静。你可能会发出敬畏之声——哇。然后你的身体开始行动，沃尔特·惠特曼称之为"有灵魂的身体"。你也许会流泪、战栗或产生人们现在叫作

ASMR 的皮肤静电感和刺痛感，并且你的心脏可能会感到温暖（这是迷走神经的激活）。敬畏可以通过身体的症状来识别。

虽然你能感觉到，但却很难说清。敬畏是神秘的。我们如何描述初见大峡谷时的激动，或者第一次看到孩子走路时的惊奇？如何用语言来表达站在人群中齐声歌唱时的欢欣鼓舞，或者你在凝视已有数百年历史的艺术作品时感受到的美？事实上，当我站到千年古树下的时候，我只能问自己："如果我以前从未见过它怎么办？如果我知道我再也见不到它怎么办？"

我们对敬畏的体验，与我们身处其中的文化，以及我们在宇宙中的位置息息相关。敬畏的体验因不同文化而异，但它也是一种普遍的情感。美国加州大学伯克利分校的心理学家达契尔·克特纳收集了来自二十六个国家的敬畏故事，出于不同的宗教背景、经济发展阶段、政治结构和自我意识社区。这些地方的人写下了他们认为广阔而神秘的事物。达契尔·克特纳团队花了数年时间翻译这些故事，然后将它们归类为回答以下问题的不一样的方式：你在哪里找到敬畏？

由此，克特纳得出结论：要发现敬畏之心，我们必须寻求"生命的八大奇迹"：最常见的是自然、音乐、视觉设计和道德美（当我们目睹人们帮助他人时）；不太常见但通常更深刻的是"集体欢腾"（如球迷们在足球场疯狂地一起欢呼的感觉）、精神体验（比如灵性和宗教）、顿悟（当我们学到一些意想不到的事情而改变我们的世界观时），当然还有生与死的循环。

敬畏的感觉将注意力从自我转移到周围的事物——用简·古道尔的话来说，就是"对自我之外的事物感到惊讶"。爱默生在他的一篇著名的文章中说："站在赤裸的地面上——我的头沐浴在愉快的空气中，并被提升到无限的空间——所有卑鄙的自我主义都消失了。"所以，一个人的自我意识在经历敬畏时会消失。在宗教传统中，人们说："当我感到敬畏时，我只会感到自身的渺小和卑微。"

敬畏表明我们与他人并非分离，而是相互依存。从墨西哥到印度再到日本和中国，他人的道德之美是最普遍的敬畏之源——相信我们人类同胞的普遍善良、勇气和无私，以及我们克服非凡挑战的能力。思考他人道德美的简单时刻——想到导师的榜样、历史上的勇敢之人，或者街头陌生人的善意——会带来各种各样的好处，包括提升幸福感、对人更加友善等态度和行为。敬畏体现了一个社会真理，即我们的身份总是与更大的生活系统相关，无论是一个民族的历史、一种文化、一场社会运动、一个社区、一个生态系统、一种政治理念、一种音乐类型还是精神血统。

在这种情况下，敬畏可以应对过度自我关注、孤独和我们时代的愤世嫉俗等危机，甚至在某种程度上应对日益严重的身体健康问题。今天的正念运动，无论用意多么好，都可能只会进一步巩固我们对精神和社会生活的个人主义观点，并可能在不知不觉中使时代危机永久化。是时候在 21 世纪的生活中培养一种新的精神状态了，一种面向世界的精神状态，它承认我们基本的相互依存关系，并提醒我们人类可以做许多好事。

在我们的世界比以往任何时候都更加分裂、更加受到各种危机威胁的时刻，我们非常需要敬畏之心。如果我们敞开心扉，敬畏会让我们的推理更加敏锐，让我们走向伟大的想法和新的见解，让我们的免疫系统的炎症反应降温，并强化我们的身体。敬畏可以激发我们分享和建立强大网络的倾向，并采取对我们周围的自然和社会世界有益的行动。敬畏能够改变我们，激发艺术、音乐和思想的创造，是我们生活中的一股强大生命力。

如果你遭遇生活的不平或是不幸，敬畏几乎总是在附近，它是面对生活中的挫折和创伤时，人的疗愈和成长的途径。那些拥有财富或地位的人反而可能会发现他们更难接近敬畏。在过去动荡的几年中，许多人从敬畏中找到安慰。事实上，敬畏似乎正成为人们下一步关注的焦点。如果说新冠病毒大流行之前的时代精神是关乎"勇气"和"成长心态"，那么现在我们中的许多人就是寻求放空自己的思想，获得更大的平静。

也许，你会误以为，对于我们大多数人来说，敬畏是罕见的——但其实并非如此。我们可以通过采用新的眼光来打破日常生活的单调乏味，在日常事物中发现敬畏——剧作家克里斯托弗·马洛将其描述为"小房间里的无限财富"。从这个角度来看，我们不仅可以对星星感到敬畏，还可以对构成地球上的一切——甚至是最平凡的物体——星尘感到敬畏。正如科普作家卡尔·萨根曾经的打趣:"如果你想从头开始做苹果派,你必须先发明宇宙。"这不是一个很棒的想法吗?

胡泳

北京大学新闻与传播学院教授

引 言

我向全世界成千上万的人讲授过幸福,而我之所以最终会从事这项工作,却并非顺理成章。在我一生的多数时间里,我都是一个相当紧张焦虑的人。第一次上冥想课,当别人高喊"我的身心燃起一团紫色火焰"时,我却哈哈大笑,然后就被赶出了课堂。但是,生活无非就是按部就班地做自己那份工作,同时它也给我们带来惊喜。所以,几乎每一天,在各种不同的教室里,从幼儿园的圆形地毯到伯克利的演讲大厅,从教堂的后殿到监狱的高墙内,从医院的无菌会议室到大自然的聚会场所,我都在向人们传授怎样发现生活的美好。

在这样的求索中,我们追寻的是一个永恒问题的答案,而这个问题我们已经用不同的方式追问了几千年,那就是如何才能过上美好的生活——一种充满欢乐和共享的、有意义的生活,能带给我们价值感和归属感的生活,能改善周围的人与自然环境的生活。二十年来,我一直在讲授幸福,现在终于有了一个答案：

　　找到敬畏。

当遇到我们无法理解的宏大神秘事物时，我们会心生敬畏。为什么我建议你从这样一种转瞬即逝的情绪中找到幸福呢？这是一种不可捉摸的感觉，很难简单加以描述，它往往源于出乎意料的事件，引领我们走向神秘且充满未知的世界。

因为我们可以随时随地找到敬畏；因为这样做不需要金钱，也不需要焚烧化石燃料，甚至都不需要花费很多时间——研究表明，每天只需几分钟便足以做到；因为我们的大脑和身体中都存在一种对敬畏的基本需求，只要我们花点时间去思考，就很容易找到它；也因为我们每个人，无论背景如何，都能找到各自有意义的敬畏之路；还因为短暂的敬畏对你的心灵和肉体，还有你要做的任何事情都同样有益。

我对你读这本书的期望很简单，那就是你能找到更多的敬畏。

为了实现这一目标，我将为你呈现四种描述。

首先是一门有关敬畏的新科学。通过某些我逐渐开始理解的方式，我懂得了利用科学工具来研究敬畏。我的母亲在一所大型公立大学讲授诗歌和文学，她以自己的生活方式教给我激情的智慧，还有不畏强权说真话的精神。我的父亲擅长以弗朗西斯科·戈雅①（Francisco Goya）和弗朗西斯·培根（Francis Bacon）那种令人极其震惊的优美风格作画，他认为生活的真谛就是用你那颗"禅者的初心"②去追求"道"。20世纪60年代末，我生长在充满野性的加州月桂谷，与大门乐队③（Doors）和乔尼·米切尔④（Joni Mitchell）为邻，后来又搬到了谢拉山脉脚下贫瘠的山麓丘陵地带，那里盛行的是乡村的野性气息。当时甚嚣尘上的种种思潮——民权、反战、女权、性与艺术革命，水门事件——充斥于我们的餐桌谈话中，家里的墙上贴着各种海报。

作为一个孩子，我在观看艺术作品上花费了大量的时间，对小说、诗歌、绘画和电影中的精彩场景和人物都有深入的了解。但令人懊恼的是，我没有表现出文学分析或小说创作的早期天赋，也没有油画或素描的才能。相反，让我心生敬畏的是恐龙、自然历史博物馆、体育统计学、篮球、披头士乐队，以及池塘和小溪里的生物体，还有靠近山脉的河流与广袤无垠、繁星点点的天空。有这样一个激情满满的家庭，再加上我成长于那个热情洋溢的时代，我觉得将自己的职业生涯奉献于建立情绪和科学之间的联系是有意义的。我先后在威斯康星大学麦

---

① 西班牙浪漫主义画家（译者注，以下无特殊说明皆为译者注）。
② 这是日本禅僧铃木俊隆的一本书的名字，中译本名为《禅者的初心》。
③ 一支美国摇滚乐队，1965年成立于洛杉矶。
④ 加拿大音乐家、画家、诗人、视觉艺术家和社会观察者。

迪逊分校和加州大学伯克利分校开展研究工作。

工作初期,在一个位于地下室的实验室里,我花了几百个小时,通过逐帧视频分析辨识尴尬和羞愧的表情,这正好适合我这个偏执的年轻教授。随着两个女儿的到来,生活中开始充盈着家庭生活的乐趣,我转而研究笑的奇妙之处,探究我们如何在脸上和身体上表达爱意,表达同情时的声音特征和生理反应,以及我们如何通过简单的触摸行为表达感激之情。我在《生而向善:有意义的人生智慧与科学》一书中总结了作为社会关系黏合剂的同情、感激和爱等各种情绪,正是这一论题为我的研究工作注入了活力。

不过,敬畏又如何呢?它是不是一种重要的情绪呢?对于我们是谁这个问题,它算不算一种普遍存在的核心要素,就像恐惧、愤怒或快乐一样呢?如何对敬畏进行科学的研究,衡量这种语言无法表达的感觉呢?其产生过程如此难以解释,我们能否将它可靠地引入实验室呢?

十五年前,我和我的博士生以及世界各地的其他科学家开始在实验室里寻找敬畏。通过对大脑和身体的新测量方法,流泪和毛发直立(即毛囊周围小肌肉的收缩)等身体反应,打寒战之类的感觉,以及对敬畏如何改变我们的思维和行为的证明,我们逐渐描绘出这种难以捉摸的情绪。我们研究了靠近一棵大树或眺望一片辽阔的风景,或沉浸在体育赛事、朋克摇滚演出和舞蹈的持续欢腾中,或是在祈祷、冥想、瑜伽和致幻过程的神秘感受间,以及在音乐、视觉艺术、诗歌、小说和戏剧的巅峰体验里,我们是如何感受到敬畏的。科学发现了敬畏,引出了我要给你的第一种有关敬畏的描述。

在科学出现之前,人类以文化的形式理解敬畏感。因此,我们将要探讨的第二种描述是文化如何保存敬畏。这个故事涉及我们如何为了分享敬畏的体验而创作音乐、视觉艺术、宗教、小说和电影。通过这些能够更深刻地理解在我们称之为自己的文化中,那些宏大的神秘事物是如何触动我们的内心的。敬畏激发了数万年前土著人的叙事、典礼、仪式和视觉设计,你可以认为这些是我们最早的敬畏科技。敬畏建构了传说、神话、寺庙和宗教的神圣文本,它跳出了绘画、照片和电影,从戈雅到柏林的街头艺术家,再到宫崎骏的电影,无不蕴含着敬畏的元素。而且你可以在自己的身体里觉察到敬畏,在几乎每一种音乐中感受它的形态,从西非的科拉琴声到印度的拉加曲调,再到尼基·米纳杰(Nicki Minaj)的歌曲。

科学倾向于归纳,而文化形态渴望理想化,且往往是某种形式的完美。我们要探讨的第三种对敬畏的描述,是更加个人化和主观的。当我问人们如下这个问题并倾听他们讲述的故事时,我明白了这一点:

> 当你邂逅一个宏大的神秘事物,改变了你对这个世界的理解,这时候你有什么样的敬畏体验呢?

如果你空闲下来，可能会想到你自己的一个关于敬畏的故事。

我所听到的人们讲述的故事揭示了有关敬畏的永恒真理。一位四肢瘫痪的前奥运会运动员，当我看到他从脊柱的灾难性损伤中恢复过来迈出第一步时感到的敬畏；或者是当科尔特兰[①]（Coltrane）刚刚爆红的时候，我坐在他的音乐会前排座位上感到的敬畏；又或者是来自阿布格莱布监狱[②]的一位中央情报局的女性，在她凝望幼发拉底河的流水时，对自己的和平主义所感到的敬畏。

被这些故事感动的我，从医生、作战老兵、职业运动员、囚犯、作家、环保主义者、诗人、音乐家、画家、摄影师、电影制作人、牧师、土著学者、宗教朝圣者、助产士和临终关怀工作者那里收集了他们个人的敬畏故事。关于患病者的勇气和大自然如何改善战争创伤的故事，关于音乐如何让我们在陌生的土地上安家的讲述，关于濒死是一种什么样的感觉，以及我们如何理解这种特别的体验。每一个人的故事都以科学无法捕捉的特殊性、隐喻、形象和语言揭示出第一人称的真实感受，

---

① 爵士乐历史上最伟大的萨克斯演奏家之一，同时也是一位优秀的音乐革新家，对20世纪60—70年代的爵士乐坛产生了巨大的影响。

② 这座始建于20世纪70年代的监狱在萨达姆统治时期用于关押并肆意折磨和杀害无辜平民，曾是"死亡与摧残"的象征。美军入侵和占领伊拉克后，在此大量关押、审讯囚犯，爆出了虐待囚犯的重大丑闻，这座监狱又成为美国人残暴的象征。

而各自的文化形态只是近似的。

这三种有关敬畏的叙述——科学的、文化的与个人的——共同形成了我们对如何找到敬畏的理解。我将要探讨的生活的八种奇迹,包括他人的力量、勇气和善良,舞蹈和体育等活动中的集体运动,自然,音乐,绘画和视觉设计,神秘的邂逅,遭遇生死,以及重要的观念或顿悟。作为对这些奇迹的回应,我们到哪里去寻找敬畏呢?只要我们稍稍停下来,敞开心扉,会发现它们就在你我的身边,我们有着如此多感受敬畏的机会。

敬畏如何改变我们?通过平息我们自身的,或者说是自我的那些絮絮叨叨、不断自责、跋扈和势利的声音,并赋予我们合作的能力,敞开我们的内心接纳奇迹,并看到生活的深层意义。

为什么要敬畏?原因在于,作为一种非常社会化的哺乳动物,我们在悠久的进化过程中,那些以类似敬畏的行为模式与他人紧密团结的个体,在面临威胁和未知事物时有着更好的表现。也因为,在当下社会为了兴旺发达而进行的算计中,敬畏带给我们快乐、意义和归属感,以及更健康的身体和更富创造力的头脑。

最后一个关乎敬畏的经历促使我写作本书,而我并不愿意成为这个故事的一部分。那件事发生在2019年1月,一个狂风大作的日子。

当天，我和我的老搭档伊萨克刚结束一场艰难的比赛，大汗淋漓、浑身放松地走下了手球场。我看了看健身包上的苹果手机，发现有两条短信。

第一条来自我的弟媳金：

你能不能尽快赶过来？

十五分钟后的第二条来自我的妈妈：

结束了。罗尔夫服下了鸡尾酒。他正要离我们而去。

罗尔夫是小我一岁的弟弟，出生在墨西哥哈利斯科的一家小诊所里。"鸡尾酒"指的是他服用的致命的鸦片类制剂混合物，通常能在一两个小时内结束一个人的生命。

我给金打去电话，她简要地说：

那是一个晴朗的早晨，天空湛蓝。罗尔夫和他们十四岁的女儿露西坐在外面的阳光下长谈。罗尔夫走进来，说他已经准备好了。他是下午三点把药服下去的，然后就在厨房里闲逛，检查了冰箱，嘴里嘟嘟囔囔的。我告诉他该躺下了……于是我们躺到了他的床上。过了一会儿，他睡着了，还打着鼾。现在，你听……

金把电话放在罗尔夫的嘴边。我听到他的声带发出深沉而有节奏的颤动——那是他的死亡在咯咯作响。

我的父母都到了,你的父亲和南希正在赶来的路上。你能把你的母亲接过来吗?

我回答道:

我们会尽快赶到那里。谢谢你,金。

我在伯克利接上我的妻子莫莉与我们的女儿纳塔莉和塞拉菲娜,然后到萨克拉门托接上我母亲。晚上十点,我们到达谢拉山脉的山麓地带,走进罗尔夫和金的家。

罗尔夫躺在楼下的一张床上,他在最后几周一直睡在这里。他右脸朝下趴着,头微微上倾。父亲握着他的脚,我靠在他的身体侧面,母亲站在床头,抚摸着他那稀疏的头发。

罗尔夫满面红光。结肠癌造成的凹陷的双眼和憔悴的脸颊不见了,嘴边紧绷而下垂的皮肤变得光滑,两个嘴角向上翘起。

我把右手放在他的左肩膀上,那是一块圆形的骨头。握着它,我仿佛抓着一块光滑的花岗岩石块,就像我们小时候在河里游泳时经常发现的那种石头。

罗尔夫……我是达西①……

你是这个世界上最好的兄弟。

我的女儿纳塔莉轻轻把手放在他的肩胛骨上，说：

我们爱你，罗尔夫。

他的呼吸节奏慢了下来，他在听着，他听懂了。

听着罗尔夫的呼吸，我感受到五十五年里无尽的兄弟情谊。在20世纪60年代末，我们游荡在月桂谷，暗中观察邻居中的摇滚明星，在停满大众汽车的街道上玩滑板。青春期的我们漫步在谢拉山脉的荒凉山麓，在彭林第一体育场上参加少年棒球联盟比赛。我投球，罗尔夫这个留长发的左撇子在第一垒，眼中闪着调皮，仿佛在说：伙计，这真好玩！年轻的我们还在墨西哥的野外旅行，到俱乐部里跳舞，在高耸的谢拉山上漫游探险。后来，我们一同进入研究生院，买结婚礼服，为彼此做伴郎。再后来，我们做了老师，成为各自女儿们的父亲。

我感觉一道光芒从罗尔夫的脸上放射出来，一圈圈均匀跃动着向外扩散，我们微微低头俯身时就碰到了它们。结肠癌的不同阶段、新的治疗方法、淋巴结和生存率等，我脑海中这些

---

① 达西是作者达契尔的昵称。

喋喋不休的问题全都消散了。我能感觉到他的身体周围有一股力量在拉扯着他。我的心头升起疑问：

> 罗尔夫在想什么？
> 他的感受是什么？
> 对他来说，死亡意味着什么？

我心里有个声音在说：

> 我感到敬畏。

在那无法抗拒的时刻，我的感受与我过去的敬畏体验有着共同的本质，那种体验既有重大的——看到纳尔逊·曼德拉在被囚禁了二十七年以后向五万人发表讲话，也有渺小的——看到暮色落在橡树枝头，听到两个年轻女儿的笑声。看着罗尔夫离世，我感到渺小、安静、卑微、纯净。这种感受把我与外界分隔的界限消去了，我感受到周围有一种巨大而温暖的东西。我的思想开放了，好奇、清醒、诧异。

罗尔夫去世几周以后，金把朋友和家人聚在一起，回忆罗尔夫的往事。我们谈论了他对小丑和魔术的着迷，以及他如何乐于为朋友们做饭，如何用他最顶级的万圣节服装吸引邻居的孩子们。他的同事们讲述了他怎样在一所山区学校里安抚那些最难相处的男孩子。当这些故事慢慢讲完，我们都陷入了沉默。教堂的钟声响起，把树上的一群乌鸦惊飞，盘旋冲上阴云密布的天空。我们彼此握手、拥抱，然后悄悄走出罗尔夫和金的家，回到我们自己的生活中，而我的生活里从此失去了罗尔夫，只留下一个和他同样大小的空洞。

在此后那段悲痛的日子里，我经常在黎明前惊醒，气喘吁吁，发热的身体感到一种难以言说的疼痛，做了一些从来没做过的梦。其中一个梦里，我走在一条黑暗的蜿蜒的土路上，来到一座灯火通明的维多利亚式房子前，很像我们童年时在彭林的那个家。罗尔夫穿着黄色的短裤，突然转过一个街角，像高中时那样大步流星地奔跑。他停了下来，微笑、挥手，动了动嘴唇，说出的话只有他自己知道，我却再也听不见了。我经历了琼·迪迪翁①（Joan Didion）在《奇想之年》（*The Year of Magical Thinking*）中描述的那种幻象。从边界不断变化的周边云层中，我隐约看到罗尔夫的脸庞；在伯克利的一次校园漫步中，我在一棵红杉树的螺旋花纹树皮上看到了他因为化疗而疲惫不堪的眼睛；我在树叶的沙沙作响中听到他的嗓音，从风中听见他的叹息；还有两次，我非常确信自己看到了他，于是我跟踪了那些陌生人，他们的肩膀、额头、雀斑和下巴都很像他。

---

① 美国随笔作家和小说家。

我们的思想是相关的。通过与他人的共同经历，我们洞察生活的模式，从他人的声音中感知生活的重要主题，通过他人的触摸感受比自我更宏大的事物的包容。我透过罗尔夫的双眼看到了世界的奇迹，而随着他的离去，我感到无所敬畏。我敬畏的同伴不再陪伴身侧，帮助我理解在五十七年的生命中遇到的最为宏大的神秘事物。

一个响亮的声音喊道：

找到敬畏。

明白了敬畏的诸多益处，又懂得了如何发现我们身边的敬畏，我便开始去寻找它。每天，我都拿出一点儿时间，用心感知周围令人敬畏的事物。我来到那些敬畏历史中的重要之地，与我敬畏的先驱者漫无目的地对话。作为一个新晋探索者，我沉浸在生活的各种奇迹当中。这些探索带给我个人的体验、记忆、梦想与洞见，帮助我理解失去兄弟的含义。它们令我相信，敬畏几乎无处不在，面对生活中的挫折与创伤，它是一条实现疗愈和成长的路径。

因此，有四部分关于敬畏的叙述让我们一起来细细地品味，分别涉及科学的、个人的、文化的敬畏，以及在面临困难、不确定性、损失和未知事物时，敬畏给我们带来的成长。我据此梳理出这本书。本书第一部分里的前三章涵盖了有关敬畏的科学故事。第一章将探讨我们认为的敬畏是什么，敬畏产生的背景，敬畏与害怕和美丽的区别，以及敬畏在我们的日常生活中带给我们什么样的感受。第二章关注敬畏如何改变我们的自我意识、我们的思想以及我们与世界的关系。而在第三章里，我们将重温曾经的进化之旅，并探讨为什么要敬畏。我崇拜的简·古多尔[①]（Jane Goodall）认为黑猩猩能感受到敬畏，并具有一种灵性的感觉，它基于古多尔所形容的，黑猩猩对自己的身外之物感到惊讶的能力。在这种神秘事物的推动下，我们要研究寒战、泪水、大张的眼睛和嘴巴，以及哇哇大叫，探索这些反应来自我们这种哺乳动物的进化过程中的什么地方，以及这告诉我们哪些有关敬畏的原始含义。

本书的第二部分是我们诉诸个人的敬畏故事。在第四章里，我们将要听到的故事是有关他人道德之美的超验力量，和它在监狱里与更能改善生活质量的图书馆及医院等机构中的位置。第五章是有关在狂热的舞蹈和职业篮球等日常生活的集体运动中发现的集体欢腾。第六章则是有关自然，以及自然如何帮助我们治愈战争创伤、孤独与贫穷。

第三部分转而论述文化如何记录敬畏。第七、八、九三章分别是有关敬畏在音乐、视觉艺术以及宗教和精神领域中的地位。这些实际上都是十分艰巨的任务，而一旦聚焦于敬畏在这

[①] 英国生物学家、动物行为学家和著名的动物保护人士。以对坦桑尼亚贡贝溪国家公园的黑猩猩进行的长期研究而闻名。

些富有创造力的文化形态中的地位，我们便会深受启发。

本书的最后一部分回到当我们在面对损失与创伤，也就是通常所说的未知事物与不确定性的时候，敬畏如何助力我们的成长。第十章将揭示在我们努力克服生与死及其不断重复的形塑物种的循环中，敬畏起到了多么重要的作用。第十一章则有关在生活的八种奇迹当中，敬畏如何为我们揭示出对于生命意义的深刻见解。

二十多年来，我在讲授幸福的过程中观察到，借由对自己的身外之物感到惊讶与敬畏，我们获得了多少健康与幸福。从我们的第一次呼吸到最后一次呼吸，敬畏拉近了我们与生命奇迹之间的关系，而在这种最人性化的情绪引导之下，我们也惊叹于短暂的生命中所蕴含的那些宏大神秘的事物。

序　言 / I
引　言 / VII

第一部分　敬畏的科学

第一章　生活的八种奇迹
开启一场敬畏的运动 / 003

第二章　由内而外的敬畏
敬畏如何改变我们与世界的关系 / 031

第三章　心灵的进化
关于为何敬畏，我们的泪水、寒战和惊叹告诉我们什么 / 047

第二部分　促成变革的敬畏故事

第四章　道德之美
他人的善良、勇气和克服如何激发敬畏 / 077

第五章　集体欢腾
整齐划一的动作如何激发仪式、运动、舞蹈、宗教和公共生活的敬畏 / 105

第六章　野性敬畏
自然如何与精神相关，并疗愈身体和思想 / 131

第三部分　敬畏的文化记录

第七章　音乐敬畏
音乐敬畏如何在群体中接纳我们 / 161

第八章　神圣的几何
对视觉设计的敬畏如何帮助我们理解生活中的奇迹和恐惧 / 185

第九章　至关重要的神秘力量
精神生活如何从敬畏中成长 / 218

第四部分　享受敬畏的生活

第十章　生与死
敬畏如何帮助我们理解生死循环 / 251

第十一章　顿悟
敬畏的重要理念：我们是比自我更大的系统的一部分 / 267

致　谢 / 283

[第一部分]

敬畏的科学

CHAPTER
— ONE —

第一章

生活的八种奇迹

开启一场敬畏的运动

关于生活的奇妙之处在于,尽管几百年来,每个人都清楚生活的本质,但却鲜有人为它留下足够的记述。伦敦的街道有自己的地图,而我们的激情却无人描绘。

——弗吉尼亚·伍尔夫[①]

上一次被"敬畏"这个词以个人顿悟的力量击中的时候,二十七岁的我正在保罗·埃克曼(Paul Ekman)的客厅里,刚刚完成了加入其实验室从事情绪研究的面试。埃克曼以研究面部表情而闻名,是新兴的情绪科学的奠基人物。他的家位于旧金山的丘陵上,当他的询问结束时,我们移到了房子外面的露台上,一起欣赏城市的美景。浓雾沿着街道向海湾大桥淌去,最终越过海湾到达伯克利。

话题延伸开来,我问保罗,一个年轻学者应该研究什么,他的回答只有两个字:

[①] 英国著名作家,意识流文学的代表人物,被誉为二十世纪现代主义与女性主义的先锋。

敬畏

在1988年那个时候，我们对情绪知之甚少。什么是情绪，它如何影响我们的头脑与身体，以及最根本的一个问题，我们为什么会体验到情绪。

心理科学牢牢地确立在一场"认知革命"当中。在该范畴内，人类的每一种体验，从道德谴责到针对有色人种的偏见，都产生于我们的头脑如何像计算机程序一般冷漠无情地处理一个个信息单元。对人性的这种理解缺失了情绪、激情和直觉。苏格兰哲学家大卫·休谟对它的称谓——"理性的主人"众人皆知，而诺贝尔奖得主丹尼尔·卡内曼（Daniel Kahneman）在《思考，快与慢》（*Thinking, Fast and Slow*）一书中将其定义为"系统1"思维。

长期以来，情绪被认为是"低级"的、动物性的，破坏了通常被认为是人类最高成就的崇高理性。有一些人认为，情绪是如此的短暂和主观，无法在实验室里衡量。在弗吉尼亚·伍尔夫的沉思过去了大约七十年后，我们的激情仍然是无法描绘的。

尽管如此，埃克曼很快就发表了一篇现在已是该领域被引用最多的论文，它将科学的钟摆坚定地推向情绪一边。这篇论文真的是一本指导手册，他在其中详细阐述了何为情绪：情绪是伴随着不同思想、表情和生理机能的短时间的感觉状态。情绪是短暂的，比忧郁这样的心情和抑郁症之类的情绪紊乱更短。埃克曼勾勒出情绪是如何发挥作用的：它改变了我们的思想与行动，使我们能够适应当前的环境。为了探讨情绪的原因，埃克曼从查尔斯·达尔文那里得到一个暗示：情绪让我们得以完成"一些基本的生活任务"，例如逃离危险、躲避各种毒素并发现有营养的食物。情绪在我们作为一个个体的生存和作为一个物种的进化中发挥了核心的作用。

这个年轻的学科有了一本现场工作指南，学者们很快开始探索。科学家们首先列出了愤怒、厌恶、害怕、悲哀、惊讶和快乐，这些表情是20世纪60年代早期埃克曼在新几内亚的山区记录下来的。接下来出现在实验室的是一些自我意识情绪——尴尬、羞愧和内疚。研究表明了这些状态如何在我们犯下社交错误时产生，还有脸红、低头、难堪的安抚笑容和道歉如何恢复我们在他人眼中的地位。年轻的科学家们意识到头脑和身体中远远不止有负面情绪，生活中令人高兴的事情不仅仅是"快乐"，于是他们求助于对愉悦、感激、爱和骄傲等各种状态的研究。我自己的实验室也开始研究笑声、感激、爱、欲望与同情。

这场认知革命所引发的一场情绪的变革正在展开，让心理科学超越了只注重头脑而忽视身体的枯燥乏味的认知主义描述。神经科学家正在描绘"情绪化的大脑"。一些研究提醒那些对爱情秘密感兴趣的人注意，当伴侣之间相互表示蔑视的时候,婚姻就会破裂。我们在堕胎、种族、阶级和气候危机上的文化斗争可以归因于有关我们这个时代的道德问题的直觉。为了生活得更好,情绪科学家们认为,培养"情商"比培养智商对我们来说更重要。今天,我们仍然处于科学上的"情绪阶段",它影响着我们生活中的方方面面。

然而,有一种情绪并没有受到这场革命的召唤,它是决定了人之所以为人的许多方面的起源,包括音乐、艺术、宗教、科学、政治以及有关生命的具有变革性的深入见解。那就是敬畏。这在一定程度上是出于方法论的原因。敬畏似乎与科学的基石——精确的定义和测量——相抵触。事实上,科学家如何在实验室里研究敬畏呢?如果敬畏真的改变了我们的生活,科学家又如何引导人们感受它、衡量它那近乎无法形容的品质,或者记录它如何改变我们的生活呢?

理论上同样存在障碍。情绪科学是在一种理论性的时代精神中起步的,这种精神认为情绪是出于自保的,旨在最大限度地减少危险,并提高个体的竞争优势。相比之下,敬畏似乎指引我们投身于我们每个人的自我之外的事物。是牺牲与奉献,是感觉到我们每个人的自我和他人之间的界限轻易消失,而我们的真实本性是集体的。这些品质并不完全契合当时如此突出的极端个人主义、物质主义和人类本性中残存的自私基因。

人们不禁怀疑,个人的疑虑也在发挥作用。当人们谈论敬畏的体验时,他们经常提到一些事情,比如找到了自己的灵魂，或者发现了何为神圣，或者是被很多人认为无法衡量的精神现象和对于人性的科学看法打动。

尽管情绪科学有了一本现场指南，一幅描绘敬畏的内容、方式和原因的路线图，但首先需要的是一个定义，一种所有好的科学故事的开始，即什么是敬畏？

定义敬畏

随着情绪科学将注意力转向各种各样的积极情绪，2003年，我和我的长期合作伙伴，纽约大学的乔纳森·海德特致力于阐明敬畏的定义。当时，只有几篇关于敬畏的科学文章，却有数千篇是有关恐惧的，还根本谈不上对敬畏的定义。

因此，我们沉浸在神秘主义者关于他们与上帝相遇的著作中，阅读了有关圣洁的、崇高的、超自然的、神圣的事物的讨论，以及对于人们会用"滔滔不绝""快乐""无比幸福"甚至"启迪"等词语来形容的那种"巅峰体验"的论述。我们仔细考量了马克斯·韦伯（Max Weber）等政治理论家，以及他们对蛊惑人心者煽动的暴民激情的推测。我们阅读了人类学家所描述的，在遥远偏僻的文化中，人们在舞蹈、音乐、美术和宗教方面的敬畏。循着这些学术脉络，我们将敬畏定义如下：

敬畏是一种面对宏大未知的感觉,它超越了你当前对世界的理解。

这种宏大可以是客观存在的。例如你站在一棵350英尺[①]高的树旁,或听到一个歌手或电吉他的声音充斥整个剧场。它可以是短暂的,比如笑声或气味将你带回童年的声音或芬芳。宏大还可以是语义上的,也可以是观念上的,尤其是当一次顿悟将分散的信仰与未知整合为关乎这个世界的一个有条理的命题。

宏大的事物可能会带来挑战、不安和不稳定。在引发敬畏的过程中,它显示出我们目前的知识不足以理解我们的境遇。因此,我们满心敬畏地开始寻找新的理解方式。

敬畏关乎我们与生活中的宏大神秘事物的联系。

敬畏中的无数种变化呢?从某种文化到另一种文化,或从历史上的某个时期到另一时期,或从某个人到另一个人?甚至是从你生活中的某个时刻到另一时刻,其中的敬畏有何不同呢?

宏大事物的内容在我们生活的不同文化和环境中存在巨大的差异。有些地方是高耸的山脉,有些地方则是暴风雨即将来临的无垠平原。对婴儿来说,它是父母提供的巨大温暖,而当

---

① 约为107米,1米≈3.3英尺。

我们死亡时，它是我们生命的无限延展。在某些历史时期，它是人类所能带来的暴力，而在其他时期，则是对制造暴力的机器和机构的街头抗议。这些数不尽的各种各样的宏大事物使敬畏的意义发生了改变。

乔纳森和我推断，"特色主题"也可以解释敬畏的差异。所谓特色主题，指的是根据具体情境，为那些宏大的神秘事物赋予意义的方式。例如你应该学会可以让我们感受敬畏的非凡的美德和能力。这其中的美德和能力的概念依据背景不同而有很大区别，举例来说，我们是在战斗中还是在冥想静修中，是在参加街舞表演还是象棋俱乐部，是生活在虔信宗教的地区还是华尔街规则统治的范畴。我们在本地文化中形成的美德和能力的概念，会带来敬畏的差别。

另一类塑造敬畏体验的特色主题是超自然信仰体系，例如关于鬼魂、灵魂、非凡体验、神灵、上帝、天堂和地狱的信仰。这些信仰为敬畏的体验赋予了文化上的特殊意义。例如对于历史上的许多人来说，在遇到大山、暴雨、狂风、太阳和月亮时的敬畏体验，都掺杂着本地关于神的传说与信仰。对另一些人来说，同样的大山、暴雨、狂风、太阳和月亮会激起另一种不同的敬畏，一种根植于自然的神圣感觉，但缺少了对上帝的敬畏。

或许最普遍的是，感知到的威胁也会让敬畏体验各具特色，它会使害怕、迟疑、疏离和恐惧叠加到我们的情绪体验中。对威胁的感知解释了为什么在某些文化中的人们在围绕着鼓动者时会感觉到更多的恐惧。为什么麦角二酰胺、摇头丸或死藤水等致幻药物会让某些人产生纯粹的敬畏，而对另一些人来说却充满恐惧。为什么在某些文化中，与上帝的相遇充满了恐惧，而在其他缺乏上帝作为审判者观念的文化里，却以幸福和爱定义这种相遇。为什么死亡对某些人是广阔无垠充满敬畏的，而对其他人则是震惊而恐怖的。为什么像美国国旗这样的文化符号会让一些人流泪打战，另一些人则会在威胁和疏离中战栗。

怀着敬畏之心，我们遇到了生命中的宏大神秘事物，其中有一些特色主题，像美德的概念、超自然的信仰和感知到的威胁，都会导致近乎无限的变化。

生活的八种奇迹

情绪就像是故事，是构成我们日子的剧本，好似小说、电影或戏剧中的一幕幕场景。情绪是在人与人之间的行为中逐步展开的，例如我们可以安慰有需要的人，对心爱之人表示忠诚，纠正不公平，或归属于某个群体。在定义了敬畏之后，对于"何为敬畏？"这个问题，我们的回答需要诉诸人们自己的有关情绪的故事。

二十世纪初，心理学的创始人物威廉·詹姆斯（William

James）开始寻求对神秘敬畏的理解——我们稍后再认真考虑这些探索——他没有让人们用数字为他们的感受评级。他既没有做实验，也没有衡量生理反应或感觉，虽然后者一直让他很感兴趣。相反，他收集了一些故事，第一人称的叙事，完全个人化的，有关与神的相遇、宗教皈依、精神顿悟、天堂和地狱的幻象。而通过分辨这些故事中的模式，他揭示了宗教的核心就是关乎神秘的敬畏，是一种与我们认为神圣的事物发生联系的不可言喻的情绪体验。

在这种方法的指导下，与我的长期合作者白杨教授一起，我们从来自二十六个国家的人群中收集了有关敬畏的故事。我们如此广泛撒网是出于对"WEIRD"①样本的担忧，恐怕这些样本不成比例地由西方的、受过教育的、个人主义的、富有的和民主党的人士组成。我们的参与者绝不是什么WEIRD，他们包括了多种形式的基督教、印度教、佛教、伊斯兰教和犹太教等主要宗教的信徒，以及来自几十种像荷兰这样更世俗的文化的居民。这些参与者在财富和教育方面各不相同，他们生活在民主或专制的不同政治体系中，在性别观点上持平等主义或男权主义，其文化价值观包含中国和墨西哥之类更为集体主义的倾向与美国这种更加个人主义的态度。

在研究当中，我们向每个人提出你已经仔细考虑过的敬畏

---

① WEIRD是"White, Educated, Individualist, Rich, Democratic"的首字母缩写。

的定义:"是一种面对某些超越你当前对世界的理解的宏大事物的感受。"然后他们写下了各种有关敬畏的故事。加州大学伯克利分校中分别讲二十种不同语言的人对这两千六百段叙述进行了翻译。我们惊讶地看到,这些来自全球范围的丰富叙事可以归结为不同种类的敬畏,也就是生活的八种奇迹。

世界上最常令人感到敬畏的是什么?自然,灵修,还是欣赏音乐?事实上,是别人的勇气、善良、力量或克服。在世界各地,当我们被道德之美打动时,最有可能感到敬畏,道德之美是我们归类当中的第一种生活奇迹。从脸庞到风景,出众的有形的美丽一直是艺术和科学的魅力所在,它会让我们产生迷恋、喜爱,有时还包括欲望。杰出的美德、品质和能力,这种道德之美是根据不同的审美观发挥作用的,其特点是意图与行为的纯洁和善良使我们敬畏。有一种道德之美是他人在遭遇苦难时所展现的勇气,正如这个来自英国的故事:

> 我女儿处理她儿子死产的方式。当孩子生出来时,我在医院里陪着女儿,她处理这件事的能力让我心生敬畏。我的小姑娘一夜之间长大了,在这段艰难的日子里表现出惊人的力量和勇气。

战斗中所需要的勇气是另一种历史悠久的敬畏之源。它在希腊和罗马神话中是一个澎湃人心的主题,是《拯救大兵瑞恩》等电影中扣人心弦的场景，还是老兵们讲述的战争故事，比如这个南非的故事：

> 我参加了安哥拉战争。我们有个士兵中弹了，为了把他带回安全地带，一名军官不顾生命危险，克服了恐惧。在这个过程中，军官受伤了，但仍在继续坚持挽救士兵的生命。我从隐蔽处钻出来进行掩护，让军官有足够的时间将士兵拖至安全地带。

恐怖的行为也能引起敬畏，但并不常见，最典型的是来自艺术的顿悟，譬如这个瑞典的例子：

> 那还是在 2011 年，我第一次看了《辛德勒的名单》。电影音乐和主要演员的表演十分震撼，加上人性的残酷真相，都让我想哭泣。接下来的几个小时，我一直哭个不停。

人类的暴行攫住了我们的想象，但它是一种不同于敬畏的状态，如果说它是恐怖的起源，只怕更为恰当。我们还将看到，艺术常常在我们的想象中留出一个空间，让我们思考人类的恐怖，产生敬畏的审美体验。

生活的第二种奇迹是集体欢腾，这个术语是法国社会学家埃米尔·涂尔干①（Émile Durkheim）在分析宗教的情绪核心时引入的。他的这个短语说明了这样一种体验的特点：我们感觉自己在与某种生命活力一起兴奋和爆发，这种力量将人们融合成一个集体的自我、一个部落、一个无限的"我们"。在二十六种文化中，人们讲述了各种集体欢腾的故事，婚礼、洗礼、西班牙少女成人礼、犹太教男女成人礼、毕业典礼、体育庆典、葬礼、家庭聚会和政治集会等场合，比如这个来自俄罗斯的故事：

在胜利阅兵式上，这座城市和整个国家都和我在一起。有一支名为"不朽军团"的游行队伍，举着参战士兵的肖像。我为我的国家和人民感到自豪。

生活的第三种奇迹不应该让人感到惊讶，那就是自然。激发自然敬畏的往往是一次灾难性的事件——地震、雷暴、闪电、野火、狂风和海啸，或者对一位来自中国的参与者来说，是看着洪水席卷了她的村庄。许多人提到了夜晚的天空，夜空中星星闪亮的图案是希腊、罗马和中美洲诸神想象的灵感来源。今天，许多人担心，在这个光污染的时代，夜空的暗淡会损害我们的思索能力。进山，看峡谷，行走在参天大树间、奔

---

① 法国犹太裔社会学家、人类学家，法国首位社会学教授，《社会学年鉴》创刊人，与卡尔·马克思及马克斯·韦伯并列为社会学的三大奠基人。

跑在巨大的沙丘上,还有与海洋的第一次接触,所有这些经历都给人带来了敬畏,就像这个来自墨西哥的例子:

> 第一次看到大海时,我还是个孩子,聆听着风浪的声音,感受着微微的海风拂面。

对自然的敬畏中,很常见的感觉是植物与动物都有了意识和知觉,这是许多土著传统都包含的一个观念,如今引起了科学界的关注。在这个从俄语翻译而来的野性敬畏的故事中,请注意参与者如何评论树木的意识,它们似乎在注视着旁边的东西:

> 五年前,我在森林中采蘑菇,碰巧看见地面上一个很少见的大坑,四周的树木长成一圈,仿佛是在凝视着坑底。

音乐为我们奉献了第四种生活奇迹。在音乐会上静静地聆听,在宗教仪式上吟诵,或只是与他人一同歌唱,都将人们带入象征意义的新维度。在这个来自瑞士的故事里,个人感受到与大于自我的东西相联结,它是一种对敬畏的最典型定义:

> 大约是在几年前的圣诞节,我和同学们一起前往瑞士西部不同的修道院。我们来到一座多明我会修道院时,外面下着雪,天气很冷。罗马风格的教堂里灯光昏暗,可以

听到格里高利的圣歌，传声效果无与伦比。一种对更重要的事物的崇敬之情，伴着一种舒适感涌上我的心头。

音乐带来的敬畏往往源于对待人们最喜爱的摇滚乐队、技艺超群的演奏家，或许最令人印象深刻的是对儿童的反应，就像来自爱尔兰的这个故事：

我七岁的女儿走到几百人面前，如此坚定地吹着锡哨子，我对她的勇气感到敬畏。她的表演赢得了掌声，当时我们和她的兄弟与大家庭一起在本地教堂参加她的圣餐仪式。表演之前，我为她感到紧张，但是对于她这般出色的表演以及她在这么小的年纪应付此类场合的方式，我感到了敬畏。之后我给了她一个大大的拥抱和亲吻，并告诉她，她很棒。

对于迅速发展的电吉他来说，同样如此。随时给我吹个锡哨子。

视觉设计是生活的第五种奇迹。建筑、中国的兵马俑、水坝和绘画出现在世界各地的敬畏故事当中。还有更多令人惊讶的视觉设计，比如这个南非的例子：

我去了一家客户的工厂，检查药品分拣线上的机器。这台机器的性能令人震惊——真如同一场头脑风暴。我对这台机器的功能、速度和设计感到十分敬畏。这大约发生在一年前，当时我的同事，作为这台机器的设计者和我一起在客户的工厂里。

奥尔德斯·赫胥黎①（Aldous Huxley）在《知觉之门》（*The Doors of Perception*）一书中认为，珠宝的视觉设计可以让我们了解神秘主义者感知世界的方式。我们从视觉设计中感受到的敬畏让我们能够将自己定位在我们所归属的文化体系中。对于奥斯曼②（Haussmann）为巴黎设计的宏伟大道，一座玛雅人的金字塔，巴塞罗那的涂鸦，以及某些人眼中那台分拣药片的机器，你都能够感受到敬畏。

对精神与宗教的敬畏是生活的第六种奇迹。鉴于我们对涅槃、开悟、极乐或禅定的长期追求，这种敬畏并非你想象的那样普遍。一些神秘敬畏的体验是经典的皈依故事，比如去往大马士革之路上的圣保罗或菩提树下的佛陀，就像这个新加坡的例子：

在天主教会举办的灵修会上，当上帝的圣灵降临到我的时候，它是如此强大，让我无法承受而瞬间崩溃。但我意识到了周围的环境，当我闭上眼睛时，只能看到非常明

---

① 英国作家，出身于著名的赫胥黎家族。
② 法国城市规划师，因在拿破仑三世时期主持了巴黎重建而闻名。

亮的白光。在此之前,我觉得自己已被这个世界抛弃,无人关爱。这件事发生的时候,我立刻振奋起来,而最重要的是我又有了一种被爱的感受。

其他类似来自加拿大的这个故事将神秘敬畏与性欲混合起来,成为一种神圣与世俗的永恒融合。

我在我们当地的农贸市场遇到了一个男人,他让我对冥想和一个人的身体与情绪的力量发生了兴趣。碰碰我的肩膀,他就能在某种意义上把我看穿。他的仪表和学识让我想了解更多……因此,我开始每周和他一起上冥想课。我对自己的身体、思想和精神有了更多的了解。

我们将看到,在神秘敬畏的过程中出现的感觉,以及和生活奇迹的所有相遇,往往涉及触摸、被拥抱的感受、温暖的仪态,以及被看见的意识,这些或许就是表明情绪的深层根源的线索。

生与死的故事是生活的第七种奇迹,在世界各地都很常见。生命如何在瞬息之间从子宫中诞生让我们感到敬畏。而在生命周期的另一端,一个人从一个有呼吸的客观实体过渡到另一种存在形态,正如我那天晚上眼看着罗尔夫死去时所观察到的那样。这是一段来自印度尼西亚的有关生命周期的讲述,揭示了我们在悲痛中求助于逝者如何与我们同在的观念:

那是在大约六年前的时候,在日惹的萨德吉托医院,我和我的父亲以及其他兄弟姐妹一起等待生病的母亲,她已经住院一周了,还没有恢复知觉。那一次,我们一直等到母亲见到她的上帝,当时的我们心碎悲伤不已,然而我们意识到自己不应该过分地沉浸在悲伤中,我们未来的路还很长。直到妈妈离开以后,我们才意识到母亲和妻子是多么重要,现在我们每个人都开始感激并挚爱我们的妻子,那是我们孩子的母亲。

这个故事令我们顿悟,突然理解了有关生命的重要真相,这就是生活的第八种奇迹。在世界各地,能让人们惊叹不已的包括各种哲学见解、科学发现、形而上学观点、个人感悟、数学方程式,以及突然披露的、在瞬间改变了生活的信息,比如妻子为了丈夫最好的朋友而离开了丈夫。在每一种情形里,顿悟都将事实、信仰、价值观、直觉和印象统一起来,形成一个新的理解系统。下面这个来自日本的顿悟故事让我很高兴,因为我在童年时就从艺术和自然历史博物馆以及后来的达尔文进化论中找到了敬畏:

就在年满十二岁之前,我看了一个科学博物馆的展览,了解了生物界的进化。我意识到,人类无疑只是众多生物中的一个物种,相比于其他生物并没有特别的优势。

因此，我们可以在生活的八种奇迹中找到敬畏，道德之美、集体欢腾、自然、音乐、视觉设计、精神和宗教、生与死、顿悟。你最喜欢的崇高没有出现在这个敬畏的元素周期表里，也就是生活八大奇迹俱乐部之中，如果你因此感觉被冒犯，也许你还可以从此处找到慰藉——我们的"其他"类别在全球各地的回应中占到了5%。此类故事包括难以置信的味道、视频游戏、颜色或声音等方面令人难以抗拒的感觉，以及初次的性体验。

世界各地的敬畏故事中有一些没有提到的内容也值得仔细地考量。金钱并没有引起人们的敬畏，除了有几次人们被骗走了毕生积蓄。没有人提到他们的笔记本电脑、脸书、苹果手表或智能手机。也没有人提到消费购物，譬如他们的新款耐克衣服、特斯拉车、古驰包或万宝龙钢笔。敬畏发生在一个与物质主义、金钱、获得和身份标识的凡尘世界相分离的领域——一个超越了被许多人奉为神圣的世俗领域。

它自己的空间

"敬畏（awe）"这个单词的词源可以追溯到八百年前的中古英语"ege"和古挪威语"agi"，二者都指害怕、畏惧、恐惧和惊骇，这一词源的影响很深远。如果我现在让你回答我们当前的问题——什么是敬畏？——你可以用那些与害怕相关的术语来定义它。不过，请记住，当"ege"和"agi"出现在大约八个世纪前的口语中时，那是一个瘟疫、饥荒、公开酷刑、宗教裁判、战争和较短的预期寿命的时代，只有暴力和死亡才是宏大神秘的事物。

今天使用"敬畏"这个词的时候，我们是在描述一种类似于害怕的体验，还是受到威胁并寻求逃离的一种不同感受呢？

另一个问题是，我们的敬畏体验与我们对美的感受不同吗？从天空到音乐，再到城市中充满活力的街区，能给我们带来敬畏的这一切，我们都能从中感受到美。敬畏只是一种对美的更强烈感受吗？

直到最近，情绪科学还无法回答这些问题。对情绪体验的研究主要集中于保罗·埃克曼在20世纪60年代研究过的六种状态，包括引起害怕和厌恶情绪的令人恐怖和恶心的事物——蜘蛛、咆哮的狗、血腥的伤口、粪便，以及让人感到高兴或快乐的巧克力蛋糕、热带海滩、美丽的面孔和田园风光的照片。没有一项研究尝试激发参与者的敬畏。即使有的话，也仍然无法捕捉到这种体验，因为使用最广泛的情绪体验问卷考量的是一些积极的状态——活跃、感兴趣、骄傲、兴奋、坚强、受到鼓舞、警觉、热情、坚定、专注——并没有提到敬畏或美丽，同样也没有愉悦、爱、欲望或同情。敬畏的体验尚无人涉足。

为了了解敬畏的体验，我很幸运地与我那位计算能力超强的合作者艾伦·考恩（Alan Cowen）开展了如下研究。作为一位数学天才，他精通于用一种新的量化方法绘制人类体验的结构图。艾伦首先在互联网上搜索,找到了两千一百个情绪丰富的 GIF 图片,或两到三秒的视频。我们研究参与者观看的图片远远超出了曾经用来引发埃克曼六种情绪的那些图像和视频,涵盖了狗狗的糗事,尴尬的社交遭遇,马丁·路德·金的动人演讲,美味的食物,情侣接吻,毛茸茸的蜘蛛的吓人图片,可怕的车祸,腐败的食物,怪异惊悚的几何图案,美丽的风景,婴儿和小狗的脸庞,猫咪身上的有趣小故事,父母怀抱的婴儿,巨大的风暴云,等等。在观看每一张图片后,参与者将他们的体验分别定义为五十多种情绪,包括与我们当前兴趣最为相关的敬畏、害怕、恐惧和美丽。

有一天,艾伦顺路来到我的办公室,带着他的数字可视化的实验结果——请见下一页的图示。我们究竟是在看什么?这是我首先向艾伦提出的问题。他详细介绍了为制作这样一幅图而进行的新的统计分析,然后解释说,每个字母都代表我们研究中的一张图片,每张图片的摆放位置都是根据它所普遍引发的情绪来设计的。情绪的总体分布被称为语义空间。伦敦的街道有它们的地图,我们的情绪体验也如是。

你立刻便注意到我们的情绪体验是多么的丰富。在该项研究中,人们感受到二十七种不同的情绪。这一直观显示表明,许多情绪体验是不同情绪的混合或结合,例如悲哀和困惑、爱和欲望,或敬畏和恐惧。情绪体验是复杂的。

在这个情绪的语义空间里,敬畏落在了哪里呢?它仅仅是一种害怕吗？不，任凭怎么想象，它也不是。正如你所看到的，我们的敬畏感趋向于底部，远离了害怕、恐惧和焦虑。这在一定程度上可以说是我在看到罗尔夫去世时感到惊讶的原因：尽管癌症很可怕，他的离世带来巨大的痛苦，但他去世的重要性及其从我心中发掘出来的神秘，还是让我感到敬畏。

相反，敬畏的感受靠近钦佩、兴趣和审美或美的感受。敬畏的内在感觉很好，然而，我们的敬畏体验显然不同于美感。唤起美感的图片是熟悉的，更容易理解的，更符合我们对视觉世界的期望，是海洋、森林、花朵和日落的景象。而令人敬畏的图片是宏大而神秘的，是一场公路赛中望不到头的自行车洪流，是起伏盘旋的群鸟，是沙漠中布满星星的天空随时间流逝的变化，是通过俯拍相机拍摄的飞越阿尔卑斯山的视频，是恍惚地沉浸在凡·高的画作《星空》之中。

在随后使用类似方法进行的绘图研究中，艾伦和我记录了敬畏区别于害怕、恐惧和美感的其他方式。相关的情绪图谱，请访问 alancowen.com 网站。我们用嗓音表达敬畏的声音听起来与我们表示害怕的声音不同，前者更接近我们在学习新事物时体验到的情绪，如兴趣和领悟。我们的敬畏表情很容易和害怕的表情区分开来。让我们感到敬畏的音乐和视觉艺术与那些唤起恐惧和美丽的艺术是不同的。我们的敬畏体验发生在它们自己的空间里，远离害怕，也不同于熟悉而令人快乐的美感。

日常的敬畏

凭借来自世界各地的故事和情绪体验的图谱，我们已经开始描绘何为敬畏。不过，或许你还有所保留。作为二十六种文化研究的核心方法论，当我们回忆敬畏的故事时，可能会想起某些更极端的、一生中只有一次的经历，比如拯救陌生人的生命，作为墨西哥城瓜达卢佩节上的数百万人之一，参观大峡谷，或是眼看着母亲死去。给我们带来敬畏的艺术表现形式，包括图片、音乐和绘画，都是风格化和理想化的代表。这两种方式都没有捕捉到敬畏在我们的日常生活中是什么样子，假如真的存在所谓的日常生活。

为了寻求日常的敬畏，我与密歇根大学教授阿米·戈登和白杨一起，在不同的国家用一种被称为日志的方法开展了几项研究。这种方法将人类写作和记录情绪的偏好带入实验室，将情绪转化成文字。在我们的研究中，如果发生了敬畏的体验，中国人和美国人在连续两周的时间里每天晚上都把它们写了下来。下面这个来自中国的故事再一次证明了博物馆给我们带来敬畏的能力：

> 在国家博物馆里，我看到了商代青铜器展、毕加索艺术作品展和毛泽东雕像展……我被精美的雕像、优雅的手形、毕加索艺术作品中男性和女性的裸体结构，以及青铜器所揭示的女战士妇好的故事所震撼。我深感敬畏。

妇好是大约三千年前的一位女性将军，为了维护商王朝而战，在中国历史上代表了道德勇气。这位研究参与者并不是唯一一个欣赏手的奇迹的人，雕塑家罗丹将手视为我们身体的精神部分，在他的雕塑《大教堂》中，两只右手向上，创造了一种神秘的光线和空间感，人们可以在森林或大教堂中找到这种感觉。

伯克利的一名学生在学习化学的因果过程时感到敬畏，化学涉及一种作为有形现实的基础的、重要而无形的生活层面：

> 我在实验室里工作，被教会了一项新的工艺流程，是之前从未经历过的。温度的细微变化对流程结果的影响着实令人敬畏。用于该流程的实际工具也非常棒。

另一个人是在思考大数据的庞大体量时发现了敬畏：

> 那是在关于社交媒体的社会学课上。无论我们是否选择忽略它，海量的数据及其对我们每个人生活的影响都让我感到敬畏和谦卑。社交媒体和技术积累了太多关于我们生活的数据，多到难以理解，甚至我们的每一次心跳都可以被加上时间戳。

对这些日志的研究结果与我们在二十六项文化研究中的收获互相吻合。在日常生活中，我们最常在与道德之美的相遇中感到敬畏，其次是在自然当中，以及对音乐、艺术和电影的体验当中。很少有人每天都会对各种各样的精神感到敬畏，尽管从宗教学院得到的研究结果无疑会有所不同。我们还证实了，就像我们在绘图研究中所做的那样，在大约占四分之三的多数敬畏时刻，人们感觉良好，只有四分之一的时刻会掺杂着威胁。

文化深刻地形塑了敬畏。中国的学生通常会从鼓舞人心的老师或祖父母的道德之美和音乐家的精湛表演中感受到敬畏。对美国学生来说则是自然，这其中存在着一种令我们摇头叹息的文化差异。在美国，个体的自我成为敬畏之源的可能性是中国的二十倍。在一门难学的课程中得到一个 A，获得了竞争性的奖学金，讲了一个有趣的笑话，或者对于那些真正的自恋者来说，在"导火线（Tinder）"上发布了一张新照片，都会让美国学生禁不住感到敬畏。

有时，科学研究中最重要的发现只是一次简单的观察，没有任何假设或相互对立的理论观点。我们的日志研究同样如此，人们每周会有两到三次体验到敬畏，那就相当于每两天一次。他们这样做就发现了平凡中的非凡，一位朋友对街头无家可归者的慷慨，花朵的芬芳，看着人行道上枝繁叶茂的一棵树的光影摇曳，听到让他们重温初恋的一首歌，和朋友一起尽情享受《权力的游戏》。

伟大的思想家们，从沃尔特·惠特曼[①]（Walt Whitman）到蕾切尔·卡森[②]（Rachel Carson），再到禅宗大师铃木俊隆[③]

[①] 美国著名诗人，人文主义者。
[②] 美国海洋生物学家，她的作品《寂静的春天》（*Silent Spring*）引发了美国以至于全世界的环境保护事业。
[③] 法名祥岳俊隆，日本曹洞宗系禅僧。

（Shunryu Suzuki），都提醒我们应当意识到生活能带给我们多少敬畏。世界各地的许多土著哲学也都笃信，我们周遭的生活中有很多东西是神圣的。我们从日志中的发现表明，这些伟大的头脑和文化都在关注着某些东西，生活的奇迹往往就在身边。

1372 张幻灯片中的超验状态

有了来自世界各地的敬畏故事，加上二十一世纪的情绪测绘技术，并聆听了人们讲述的日常敬畏，我们现在可以对"什么是敬畏？"这个问题做出回答了。敬畏始于和生活中八种奇迹的相遇。敬畏的体验在自己的空间中展开，一个感觉良好的空间，不同于害怕、恐惧和美的感受。我们的日常生活提供了如此之多敬畏的机会。

膀阔腰圆的罗尔夫曾有 210 磅的体重，当结肠癌把他变成一个 145 磅的瘦弱不堪、饥肠辘辘的人，他的未来生活会是什么样子也就再清楚不过了。我努力回忆从前，提炼出有关我们兄弟情谊的故事。

在罗尔夫去世前十天，我倒数第二次去探望他时，我们一起浏览了 1372 张照片，都是父母离异前我们全家在一起的十五年里拍下的。它们大多是黑白幻灯片，藏在泛黄的小纸箱里，已经多年无人问津了。从我们在墨西哥同为婴儿的 1963 年，到我们在英国作为一个完整家庭最后度过的 1978 年。

罗尔夫、妈妈和我一年一年地翻看这些照片。从 20 世纪 60 年代初开始，照片中还是婴儿的我们被高举在年轻父母的手臂上，脸颊贴着脸颊，大人的双手捧着毛茸茸的脑袋。20 世纪 60 年代末留下的幻灯片记录了我们在月桂谷度过的岁月，以及乘坐蓝色大众巴士四处漫游的暑假，我们从落基山脉的帐篷里向外张望，四周环绕着杨树；我们在加州门多西诺附近 1 号公路旁边，顺着艰难荒凉的海岸悬崖爬下去。还有一些照片是在我父亲的艺术展上拍的，记录了 20 世纪 60 年代末的音乐节、旧货集市，以及在山里面举行的集体庆祝活动，到处都是留着长发的人在集体欢腾。

1970 年，我们搬到了北加州的山麓地带，一辆新的大众汽车，以及在我们包括一个池塘在内的五英亩土地上度过的那种哈克·费恩①式的少年时代的自由。在我父亲建在一片星蓟草地上的篮球场上投篮，乘气垫或木筏沿河漂流。1976 年，在建国两百周年的一次横跨美国的旅行中，车窗外广阔的玉米地，我和我的兄弟在蒙蒂塞洛恶作剧、扮鬼脸。

然后是我们作为一个完整家庭的最后一年，在我们去往英国的途中，父母分手了。十几岁的罗尔夫和我，在阿尔罕布拉宫、卢浮宫、圣母院这些庄重的地方顽皮嬉笑，偶尔也有严肃和感动。

---

① 马克·吐温的作品《汤姆·索亚历险记》和《哈克贝利·费恩历险记》中的人物。

当我们看幻灯片时，罗尔夫时睡时醒，动一动手指表示还要看。在最终进入深度睡眠之前，他评论说："我们那时玩得真开心。"

乐趣和敬畏一样，是几种自我超越状态之一，是一种情绪的空间，它将我们从自我关注、威胁导向和现状思维模式转移出来，进入一个我们与大于自我的事物联系在一起的领域。我们在敬畏中仍然意识到自己，尽管是微弱的，而当我们感觉自己完全消散时，快乐、暂时的自由感、世俗的忧虑，就是这个空间的一部分，与狂喜或极乐一样。有趣的是，当我们对自己往往太过重视的世俗生活设想不同的态度时，我们会感到欢喜和无忧无虑。

感激是这种超验的感觉境界的一部分，是我们因生命的馈赠而感受到的崇敬。当天，在潮水般涌来的悲哀和焦虑中，我审视着那1372张幻灯片。我的父母允许我和弟弟四处漫游，让我们置身于一个奇迹的世界。罗尔夫和我享受了一种敬畏的兄弟情谊。

敬畏的含义，我们在哪里发现它，它的感觉如何，以及它怎样成为超验状态的更广阔空间的一部分，现在有了更多的了解，是时候转向探究敬畏如何发挥作用了。敬畏究竟是如何改变我们的思想、自我意识和我们在这个世界上的生存方式的？

第二章

由内而外的敬畏

敬畏如何改变我们与世界的关系

我们能拥有的最美好的体验就是神秘。它是一种十分重要的情绪,哺育了真正的艺术与科学。

——阿尔伯特·爱因斯坦

有一种能够坚不可摧的惊奇感将贯穿一生,它是一种持久的解药,能够治疗晚年的无聊和失意,让我们远离那些虚幻事物的纠缠,重新找回内心的力量之源。

——蕾切尔·卡森

2010年,一个繁忙的日子,我正在办公室工作,突然接到皮特·多克特(Pete Docter)的电话,他的电影《飞屋环游记》刚刚获得奥斯卡奖。他打电话问我是否愿意和他的团队谈谈他的下一部电影。他继续说道,主角将是十一岁女孩莱莉头脑中的五种情绪。这部电影暂定名为《由内而外》(*Inside Out*)。[1]

---

[1] 这部电影后来引进中国时,片名译为《头脑特工队》。

在我参观皮克斯公司的园区时，皮特把我带到一个僻静的房间，他和他的联合制片人罗尼·德尔卡门（Ronnie del Carmen）在那里花了很多时间为《头脑特工队》绘制故事板（一般的电影要基于7万~12万个故事板）。我已经为一些技术性的问题做好了准备，比如说嫉妒时的脸是什么样子的？什么颜色最能表达厌恶？取而代之，我们解决的问题是有关情绪如何发挥作用，感受如何形塑思维、情绪如何引导我们的行动。

与那些伟大的小说和电影的通常情况一样，《头脑特工队》将两个关于情绪如何运作的重要见解戏剧化。第一个是情绪改变了我们对世界的感知，即这部电影中的"内"。例如，研究发现，如果你觉得害怕，你会在你的爱情伙伴关系中感受到更多的不确定性，认为你更有可能死于奇怪的疾病或恐怖袭击，更容易记住青少年时期的痛苦时刻，并更快地在电脑屏幕上发现蜘蛛的图像。在害怕的时候，我们的大脑会适应危险。每种情绪都是一个让我们通过它看待世界的镜头。

影片中的"外"指的是情绪如何激发行动。在电影中，正是那五种情绪促使莱莉采取行动。当十八个月大的莱莉躲避电源插座时，比尔·哈德尔[①]（Bill Hader）用"害怕"的声音讲述了这个动作。当莱莉打冰球中采取凶狠的肘部动作时，刘易斯·布莱克[②]（Lewis Black）的"愤怒"推动她在冰面上奋力

---

① 美国著名喜剧演员。
② 美国演员兼制片人。

向前冲。情绪远不止是大脑中的一种短暂状态，它们涉及个人之间在达成社会关系时的一系列行动。

让我们转向"由内向外"的敬畏，它如何改变我们看待世界的方式呢？当我们遭遇生活中八种奇迹的宏大神秘事物时，敬畏的体验会引导我们采取什么行动呢？

大于自我的某种东西

我们的敬畏体验似乎是语言难以形容的。但你可能已经注意到一个颇具讽刺意味的情形：敬畏的不可描述性并没有阻止人们通过日志、写诗、唱歌、作曲、跳舞等方式讲述敬畏的故事，并诉诸视觉艺术和设计来理解其崇高意义。在这些象征性的传统中，我们对敬畏体验的叙述呈现一个明确的主题：我们个人的自我让位于成为某种更大事物的一部分的边界消解感。

数百年来，敬畏一直是灵修日志的中心角色，人们直到今天还在其中写下他们与上帝的相遇。十四世纪的神秘主义者诺里奇的朱利安（Julian of Norwich）对耶稣的慈悲之爱有十六种想象。这些敬畏故事成为最早由女性以英语写作的一本书——《神圣之爱的启示》（Revelations of Divine Love），并对基督教神学转向一种富有同情心的、基于爱的信仰产生了影响。诺里奇的朱利安自始至终都用"我什么都不是"这句话来表达她对基督之爱的敬畏感受。

在西方世界的自然写作中，包括华兹华斯、爱默生、梭罗和卡森的一些最有影响力的段落，将自我描绘为消解在对自然的敬畏体验中。这种自我消解改变了早期的女性主义者玛格丽特·富勒（Margaret Fuller），她是美国超验主义的核心力量，是很有影响力的杂志《拨号》（*The Dial*）的编辑，也是畅销书《十九世纪的女人》（*Woman in the 19th Century*）的作者，在那个性别歧视严重的时代，所有这些都堪称非凡的成就。二十一岁时，富勒得到一次敬畏的体验，这种体验始于教堂的长椅上，然后持续到户外"悲伤的云彩"和寒冷的蓝色天空下：

我认为自我并不存在；自私是十分愚蠢的，是环境的结果；正是因为我认为自我是真实的，所以我才痛苦；我只是不得不活在全者的理念中；万事万物都是我的。

敬畏让富勒摆脱了十九世纪初那种非常性别化的自我，去寻找"全者"，一种拥有不断扩大的自由和权利的生活。

消失的自我，或称"自我死亡"，也是迷幻体验的核心。在一个敬畏的故事中，现代作家迈克尔·波伦[①]（Michael Pollan）吞下了一片含有赛洛西宾[②]的致幻蘑菇，然后戴上眼罩

[①] 美国著名美食作家，作品多次获得具有"美食奥斯卡"之称的詹姆斯·比尔德奖。

[②] 又名裸盖菇素、光盖菇素、裸头草碱，是一种具有致幻作用的神经毒素。

躺下来听音乐。他看到他的自我,如同一沓纸般消失了:

> 小小的一沓纸,只有便利贴大小,在风中四散而去……

波伦感知到他的自我得以扩张的方式恰如一位美食作家与画家结了婚:

> 我看了看,再次看到了自己,但这一次,像铺天盖地的颜料或黄油一样,在大片大片的世界上涂上了一层薄薄的物质,我觉得那种物质就是我。

个体之中总是充满超验的体会。

在敬畏中消失的到底是什么呢?奥尔德斯·赫胥黎在理解其麦司卡林[①]体验中所消失东西的过程里,称其为"在清醒的时候试图掌控一切的爱管闲事的神经官能症患者"。这非常近似于心理学上对默认自我的理解。这个自我是构成你是谁的许多个自我之一,它关注的是你与他人的区别、独立性、控制力及竞争优势。个人主义和物质主义的兴起将其放大,毫无疑问,它在其他历史时期,比如几千年前的土著文化里并不突出。今天,这个默认自我让你在取得成功的道路上前进,驱策

---

① 一种强致幻剂,吸食后精神恍惚,可发展为迁延性精神病,还会出现攻击性及自杀和自残等行为。

着你出人头地,这些对你的生存和发达至关重要。

然而,如果我们的默认自我表现得太强大,我们过于关注自身,焦虑、反思、抑郁和自我批判就会把我们压垮。过度活跃的默认自我会破坏我们的协作和群体的善意。今天的许多社会弊病都源于过度活跃的默认自我,以及导致沉迷于自我的数字科技。看起来,敬畏似乎将平息这种默认自我的急切声音。

人们怎样研究对失去自我的敬畏呢?白杨选择在优胜美地国家公园露营作为我们的首次尝试。几天时间里,在140号州道边的观景台上,她接触了来自四十二个国家的一千一百多名游客。这个观景台有着优胜美地山谷的广阔视野,该处自然奇观令泰迪·罗斯福(Teddy Roosevelt)说道:

> 就像置身一座宏伟庄严的大教堂,它比人类双手建造的任何建筑都要壮阔和美丽。

作为一种对自我感的衡量,参与者被要求在一张坐标纸上画出他们自己,并在旁边写上"我"。对照组则是在旧金山渔人码头上,这个地方更能唤起人们无忧无虑的快乐,游客们被要求做同样的事情。其他研究已发现,自画像的大小和写下的"我"字有多大,这种简单的衡量标准能够很好地判断个人的自我关注程度。以下是本次研究中随机选择的图片:左边是一幅面对渔人码头的自画像，右边一幅是面对优胜美地的自画像，这幅自画像与左边那幅相比要小得多，只占了八个方格。

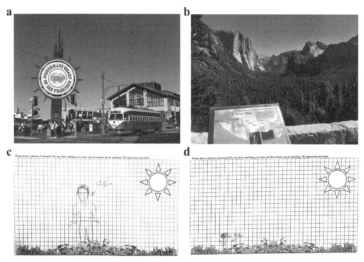

两幅自画像的对比图

仅仅身处令人敬畏的环境中，就会产生一个"渺小的自我"。我们只需将自己置于更能引发敬畏的环境下，就可以平息爱管闲事的神经官能症患者的絮絮叨叨。

在与白杨合作进行的工作中，我们发现敬畏带来"渺小自我"的效果在八种生活奇迹中都可以出现，而不单是面对宏大自然的时候。举例来说，在遇见道德之美、音乐，或者被重要的观念打动时，找到敬畏会让那个爱管闲事又唠唠叨叨的神经官能症患者的声音平息下来。我们还发现，当这种难以捉摸的构想通过简单的自我报告,例如"我觉得自己很渺小""我个人的担忧微不足道"等其他方式来衡量时,敬畏会导致自我的消失。

与众不同、独立、掌控和寻求胜过他人,这些默认自我的其他核心理念又如何呢?为了探索敬畏怎样将我们的自我意识从感觉特立独行扩展到感觉自己成为更大事物的一部分,亚利桑那州立大学教授米歇尔·盐田和我开展了如下研究。我们带领大学生们到一个古生物学博物馆,让他们面对一个令人敬畏的霸王龙骨架模型。在对照组里,参与者们站在同一位置,都沿着荧光灯照亮的走廊向前看去。然后,参与者将这句话的词干填写二十遍:"我是_____。"对照组的人对自己的定义出于不同的特质和偏好,遵循着个人主义精神及其拥有的相对于普通人性的特殊性。作为一名大学生,作为一个舞蹈社团的成员,作为一个人,作为具有感知能力的芸芸众生的一员,人们对于自己和他人共有的某些品质感到敬畏。

默认自我的另一个支柱是我们掌控着自己的生活。这种对能力与自由的信念有很多好处,但会让我们忽视另一个相辅相成的事实:我们的生活受到宏大力量的影响,例如我们偶然出身于什么样的家庭、阶级背景、历史时期或文化。为了检验敬畏能否让我们欣然接受那些形塑我们生活的宏大力量,多伦多大学的合作者珍妮弗·斯特拉尔和我带着大学生来到了1914年开放的加州大学伯克利分校坎帕尼莱塔的观景台。它的高度达到两百二十英尺，为学生们提供了俯瞰湾区的广阔视野，海湾、桥梁、城市、公路干线，以及雾蒙蒙变幻莫测的天空。当十八世纪的欧洲人乘坐第一个热气球在大约同样高度上漂过这片区域时，一位最早的热气球驾驶员注意到"地球是一个巨大的有机体，像个活的生物一样神秘地形成图案并铺陈开来"。许多宇航员在太空中观察地球时，都会体验到放大版的同样感觉，这被称作总观效应。1964 年，宇航员埃德·吉布森（Ed Gibson）讲述了他自己在太空中的敬畏故事：

> 你可以看到，和宇宙中的其他事物相比，你的生活与忧虑是多么的渺小……其结果就是你享受眼前的生活……它让你内心平静。

在我们的研究中，拥有广阔视野的参与者也表现出更多谦卑感，决定他们生活方向的，是超出其自身能力的多种相互作用的力量。

敬畏带来的自我消失甚至在我们的大脑中得到定位。这项工作的重点是默认模式网络（简称 DMN），即当我们从自我为中心的角度处理信息时，所涉及的大脑皮层区域。在一项来自日本的详细研究中，一组参与者观看了引发敬畏的自然视频，出自英国广播公司《行星地球》（*Planet Earth*）中的一些山脉、峡谷、天空和动物的镜头。其他参与者观看的是带有更多威胁的龙卷风、火山、闪电和急风暴雨的视频。两者都降低了默认模式网络的激活。这一发现表明,当我们体验到敬畏时,大脑中与过度自我,包括自我批评、焦虑,甚至抑郁相关的区域,都会安静下来。

然而,敬畏的出现导致默认模式网络与大脑中涉及奖赏感的区域,即扣带皮层之间的联系得到增强。基于威胁的敬畏导致默认模式网络与大脑杏仁核之间的联系加强,后者激活了战斗或逃跑的生理机能——该证据进一步表明敬畏中掺杂了威胁。现在值得注意的是,神秘敬畏的来源——冥想、祈祷和赛洛西宾也会减少默认模式网络的激活。其他生活奇迹可能也如此。

另有研究显示,随着我们的默认自我消失,敬畏会让我们从一种竞争性的、自相残杀的心态转而认为我们是更加相互依赖、合作的个体组成的网络的一部分。我们觉得自己是一个家庭、一个社区、一种文化的某段历史篇章,也是一个生态系统的一部分。对沃尔特·惠特曼来说,这种自我转变的感觉就像一首歌:

> 我赞美自己,歌唱自己,
> 我所承担的,你也将承担。
> 因为属于我的每个原子,也同样属于你。[1]

---

[1] 惠特曼的《自我之歌》中的诗句。

作为远远大于自我的某种事物的一部分的感受，对我们来说就像耳中听到的音乐。对于当下盛行的隔离与孤独，这种由敬畏带来的自我转变是一剂强效的解药。

好奇

在《好奇年代》(*The Age of Wonder*)一书里，理查德·霍姆斯[①](Richard Holmes)详细描述了在十八世纪和十九世纪上半叶，敬畏是如何改变科学的。作为敬畏的这种变革性力量的一个例证，年轻的科学家威廉·赫舍尔[②](William Herschel)在夜间散步时，天空中的一轮明月将月光洒在他的身旁，这让他感到敬畏。他在敬畏的推动下建造了世界上最大的望远镜，并与他的妹妹卡罗琳一起费力地把他们发现的天空中恒星和彗星的运动轨迹绘制了出来。他们的发现终结了"恒星静止"理论，即几千颗恒星以不变的方式围绕地球旋转的二维模式。取而代之，他们让世界看到了一个由数十亿颗恒星组成的无边无际、永恒变化的三维空间。这一顿悟让哲学家约翰·邦尼卡斯尔（John Bonnycastle）讲述了下面这个敬畏的故事：

> 天文学扩大了我们的理解范围，为我们打开一个无垠

---

① 英国知名传记作家、军事史家。
② 英国天文学家、古典作曲家、音乐家，恒星天文学的创始人。

的宇宙，让人类的想象力消弭其中。被无限的空间包围，被无尽的存在吞噬，人类似乎只是海洋中的一滴水，与普通的物质混杂一处。但从这种令人困惑不已的处境中，他努力挣脱出来，并通过对大自然的观察，利用她赋予自己的能力来研究她的杰作。

和这么多敬畏的故事一样，邦尼卡斯尔关于空间的宏大奥秘揭示了情绪的打开模式。它开始于宏大——"无垠的宇宙"和神秘——"人类的想象力消弭"。随之而来的是自我的消失——"一滴水"，以及和更大的事物相联结的感觉——"无尽的存在"。随着默认自我逐渐消退，大脑开始接受敬畏所激发的理性的怀疑和探究，"研究她的杰作"，或者说是好奇。

* * *

好奇产生于敬畏的体验，是一种开放、质疑、求知和接纳神秘的精神状态。在我们的研究中有证据显示，那些发现更多日常敬畏的人是生活在好奇当中的。对于新的思想、未知的事物、语言无法描述的东西、荒谬的事情、寻求新知识、以及体验本身，如声音、颜色、身体感觉，或在梦境和冥想中思考的方向，还有他人的能力与美德，他们都抱有更开放的心态。哪怕某人一天中只有五分钟感到敬畏，他也会更加好奇于艺术、音乐、诗歌、新的科学发现、哲学以及有关生死的问题，这不足为奇。他们更容易接受神秘事物和那些无法解释的事情。

对敬畏的刻板印象是，它让我们目瞪口呆，不知所措，随时准备让理性屈从于教条、虚假信息、盲从、地方权威或潮流引导者。科学证据表明并非如此。在敬畏带来的好奇状态中，我们的思想更加严谨和活跃。历史上有这样一个例子，艾萨克·牛顿和勒内·笛卡尔都对彩虹感到敬畏。出于好奇，他们问道：彩虹是如何在太阳光通过水分子折射时形成的？产生这种效果的精确度是多少？这对于光线和我们的色彩体验有何意义？对彩虹的好奇引导这两位学者在数学、光学、色彩原理以及感觉和知觉方面完成了他们最好的研究工作。

实验室研究揭示了敬畏如何带来更严谨的思考。在一项这样的研究中，让大学生回忆一段眺望广阔视野的时光，他们在体会到敬畏之后，更能辨别出哪些是基于扎实的科学证据的有力论点，哪些又是基于个人观点的薄弱论点。

随着敬畏激发我们的思维，我们将宏大神秘事物置于更复杂的理解系统之中。我们认为一些自然现象，如潮汐池、授粉蜜蜂或围绕"母树"聚集的生态系统，是因果力量的复杂交互系统的结果。我们将人类事务视为历史上超出个人意愿的复杂因果关系网的结果。我们在思考自己的生活时会越发意识到，我们的家庭、我们的邻居、一位慷慨的教练或老师、与一位睿智长者的决定性相遇、我们可能享有的良好健康，所有这些都是形塑我们生活的多么强大的力量。带着对于生命系统和自身在其中的渺小地位的好奇，我们在敬畏中敞开了心扉。

圣徒倾向

因此，在敬畏的时刻，我们独自掌控自己命运并与他人对抗的感觉，转变为自己作为某个团体的一部分共享其基本特性并相互依存和协作的感觉。这扩大了哲学家彼得·辛格（Peter Singer）所说的关怀圈，即由那些我们对其感到友善的人组成的网络。这种产生关怀圈的行为，威廉·詹姆斯称之为神秘敬畏的"圣徒倾向"，即牺牲、分享、为了他人的利益而抛开私利。我们的研究发现，这种"圣徒倾向"出现在遇到生活的八种奇迹的时候。

在一项针对该命题的研究中，我的长期合作者，加州大学尔湾分校的保罗·皮弗教授和我一起，引导一群参与者通过观看英国广播公司的《行星地球》来感受敬畏。另外的参与者则观看英国喜剧自然节目《荒野漫步》，其中的狗、熊、猫、猴子和类人猿在自然栖息地展示令人捧腹的滑稽表演。如果给予人们能够获得赢钱机会的点数，并要求他们与陌生人分享，感到敬畏的人会给出更多。事实上，他们将一半以上的点数给予了陌生人。

敬畏让我们愿意牺牲，激励我们给予最宝贵的资源和时间。孟菲斯大学的张家伟（音译）教授和我一起将人们带到一个实验室，在那里，他们周围要么是令人敬畏的植物，要么是不那么令人敬畏的植物。当参与者离开实验室时，我们询问他们能不能折一些千纸鹤，送到 2011 年日本海啸的受害者手中。被令人敬畏的植物环绕让人们愿意付出更多的时间。默认自我的最后一根支柱——体现在吝于放弃财产和时间上的，对竞争优势的努力追求——在敬畏中崩塌了。

敬畏唤醒了我们内心深处更为崇高、纯洁的本性。

续集

《头脑特工队》或许会有续集。谁知道呢，也许敬畏会成为莱莉头脑中的一个角色，改变她的自我意识，打开她的好奇心，并让她遇到生活奇迹以后具备了圣徒倾向。在续集中，莱莉可能岁数更大，也许是一名大学生。与道德之美的青春邂逅、派对上的舞蹈、户外音乐会和关于生活意义的深夜对谈，这些非常适合年轻人的活动所产生的敬畏都能让她感动。

如果让我来选，在这部续集里，莱莉将是一位崭露头角的神经科学家。果真如此的话，可能会有这样一个场景，她在实验室里播放了一段名为"瀑布表演"的视频，由她的偶像简·古多尔讲述。在视频中，一只孤独的黑猩猩走近咆哮的瀑布，它毛发直立（抖动自己的皮毛），以摇摆而有节奏的动作移动，在湍急的河流附近从一根树枝荡到另一根树枝，将硕大的石头推进河里。在这场"舞蹈"结束时,它静静地坐下来,全神贯注于水流。根据简·古多尔的观察,在瀑布和咆哮的河流附近,以及在暴雨和狂风中,黑猩猩就会跳这种瀑布舞。于是她推测:

> 我忍不住觉得,这场瀑布表演或舞蹈,也许是由我们感受到的那种敬畏、好奇所引发的……那么,为什么它们不能唤起我们某种精神上的共鸣呢?这种共鸣,其实就是对我们自身以外世界的惊叹与赞美。

在短视频结束时,莱莉会对她的实验室提出一些问题。黑猩猩的毛发直立与我们的打寒战一样吗?这种寒战到底意味着什么?黑猩猩有没有精神感受呢?我们为什么会感到敬畏呢?

第三章

心灵的进化
关于为何敬畏，我们的泪水、寒战和惊叹告诉我们什么

如果身体并非心灵，那心灵又是什么呢？

——沃尔特·惠特曼

在我眼看着罗尔夫死去，以及陷入随之而来的悲痛中的那段时间，我只不过皱眉蹙额地闭着嘴"哭"了那么几次。而当我回忆起把我们连接在一起的兄弟情谊中那些最重要的、最美好的东西时，我却总是泪流不止。

那些回忆是听音乐，披头士乐队的《佩珀中士的寂寞之心俱乐部乐队》和弗利特伍德·麦克乐队的《传闻》在我们的青春岁月中留下了深刻的烙印；是唱歌，开车进山的时候，我们唱着电台司令（Radiohead）和传声头像（Talking Heads）①的歌曲；是在公园里的网球场、篮球场和棒球场看比赛的日子；是温暖的午后和黄昏时的球场；是绿草如茵的金红色加州山丘；

---

① 两支英国摇滚乐队。

是那些黄昏的形状与色彩。

罗尔夫去世后的那个夏天,我驱车前往加州猛犸湖(Mammoth Lakes)附近的谢拉山脉东部,徒步前往鸭子湖(Duck Lake)。在他的结肠癌控制了我们的生活之前,我和罗尔夫曾在前一年的七月份走过这条十三英里的环路。当我回到那个熟悉的地方,山脊的轮廓线环抱着我,映衬在夕阳的橙色、蓝色、紫红色和紫色之下。想到曾引领我们走向高高的花岗岩隘口的那些小径,我的眼泪夺眶而出。寒意涌上我的脖颈,感觉他好像还在车里挨着我,仿佛我们又靠在一起,惊奇于谢拉山脉的奥秘。我听到了"哇"的一声,正在消失的一切让我感到震撼和敬畏。

为什么敬畏总伴随着一连串的泪水、寒战和惊叹呢?

为了回答这个问题,我们需要了解情绪化身体的新科学。我们的向导将是查尔斯·达尔文(Charles Darwin)和威廉·詹姆斯(William James),来自维多利亚时代的两位思想家,他们如同侦探对待神秘谋杀案中的尸体一样看待情绪化身体所承载的线索,揭示了我们身体现状的起源。这两个人都思考过,为什么我们会体验到敬畏和与之相关的一些状态,其意义与我们对心灵的感知如此相似,以至于被视为人类本性中重要的、美好的和赋予生命的部分。两个人都在我们的身体中找到了答案。

达尔文从外部视角出发,将我们在进化时期的情绪表达追溯到哺乳动物的行为模式，就像简·古多尔在观察黑猩猩的瀑布舞蹈时所做的那样。詹姆斯则从内部角度提出了关于情绪如何起源于我们身体的一些想法。他们的文章得出一种激进的论点：虔敬、狂喜、美丽和敬畏等超验的情绪，你可能认为它们全是心灵的主观体验，但其实它们都是以身体反应为基础的。在达尔文和詹姆斯共同创立的情绪科学中，泪水、寒战和惊叹为我们作为哺乳动物进化过程中敬畏的起源提供了线索，揭示了它在语言和文化象征行为之前的原始含义和基本特征。

长期以来，情绪化的身体一直被丑化为罪恶的、动物性的、底层的、低于理性的东西，是与人类本性中首要的和美好的东西，或者我所说的高尚情操相对立的。我们即将探讨的科学会带来一种不同的看法，那是诗人沃尔特·惠特曼最擅长表达的。晚年的惠特曼认为，心灵遵循着"美丽的生理学法则"。在试图理解敬畏的原因，以及敬畏如何起源于塑造了人类普遍模式的哺乳动物的性情时，我们要寻找那些法则，同时会遇到诸如此类的问题：为什么我们会为他人的善意和克服困难的行为流泪？在听音乐或与其他人一起站在圣坛上一对年轻夫妇身边见证幸福时刻时，我们会打寒战，这意味着什么？应该如何看待我们心灵的进化？

泪水

按照我们目前的科学认知,流泪至少有三种不同的情形,也毫无疑问还有更多种。第一种是由位于角膜上方和后方的泪腺产生的,眼表面的几乎持续不断充盈的泪水。它可以抚平角膜的粗糙表面,让你能更清楚地看到这个世界。

第二种眼泪是因应客观事件而出现的——切洋葱、浓烟、飞入眼睛的小虫子、与孩子们打闹时戳到眼睛。它产生于和第一种眼泪相同的解剖结构,只不过是对客观事件的反应。

当泪腺被包括交感神经在内的神经系统的某个区域激活时,就会产生情绪的泪水。交感神经从脊髓顶端穿过面部和声带肌肉,然后经过肺部、心脏和肠壁,与消化道的动植物神经进行交流。它会减慢你的心率,让身体平静下来,通过眼神交流和发出声音可以带来一种联系和归属的感觉。和罗尔夫一起徒步旅行中,看到高耸的山脉时,我泪流满面地意识到这些山脉是如何带给我们能从远足中体会到的那种一步一步前进的感受。

大约两千五百年前,学者们提出了情绪之泪的一个分类,我们为悲伤、愉快、忏悔流下泪水,也为所经历的恩典、为感受到生命之仁慈与善良的神圣起源而流下泪水。这最后一种泪水最接近于敬畏,这种神圣的泪水在我们的历史中随处可见。

对于阿西西的圣方济各①（Saint Francis of Assisi）来说，是一切众生的神性给他带来了这样的泪水，传说中他经常流泪，以至于失明。对于奥德修斯②（Odysseus）来说，当他鼓起勇气面对巨大的考验时，这样的泪水在他的艰苦跋涉中经常出现。

具有人类学头脑的心理学家艾伦·菲斯克（Alan Fiske）将这些观察结果转化为当代科学理论。他提出，我们在目睹"群体共享"行为的时候会流泪，这种行为是以相互依赖、关爱和分享以及共同人性的感觉为基础建立的一种人类相互关联的方式。在我们的集体生活中，这种联系方式如此重要，以至于当我们目睹群体共享的行为——一个陌生人的慷慨善举，一个人安慰另一个人，或者两个作为对手的运动员拥抱在一起——泪水便会充盈我们的双眼。菲斯克发现，在政治选举期间，将我们团结在一起的候选人往往会令我们热泪盈眶。在2016年美国总统大选期间，希拉里·克林顿的竞选视频让她的支持者感动得落泪，唐纳德·特朗普的视频也让他的红帽子支持者因为感动而流泪。

所以，当我们看到将我们团结成一个群体的宏大事物时，泪水便会涌出来。眼泪的含义随着年龄的增长而变化的方式让

---

① 天主教方济各会和方济各女修会的创始人。
② 古希腊神话中的英雄，对应罗马神话中的尤利西斯。他是希腊西部伊塔卡岛的国王，即史诗《奥德赛》的主角。

这一理论更为扎实。在生命的早期，孩子的眼泪牵扯着父母的命脉。孩子的哭是表达饥饿、疲劳、身体疼痛和分离的信号，这种声音在十分之一秒内就能激活旁边人的大脑中一个被称作"导水管周围灰质"的古老区域，从而引发同情与关爱。我们早期的流泪经历将我们与照护者联结在一起，他们可能是我们最早遇到的宏大而亲和的事物，他们将我们拉入肌肤的接触，并通过舒缓的触摸、有节奏的运动、悦耳的声音和身体的温暖让我们平静下来。

随着孩子年龄的增长，当他们觉得自己很渺小无助，面对各种形式的权威无能为力的时候，他们就会通过哭泣来求助。例如，被老师责骂，被过于严肃对待自己工作的教练施压，被度过糟糕一天的家长训斥，或被更受喜爱的同龄人不恰当地取笑，都属于这类情形。在这个阶段，当我们与本地文化中的宏大力量——同龄人、父母、教师、教练和其他成年人——相比感到渺小时，我们的眼泪就会流下来。我们渴望得到我们身边的人，特别是我们的同龄人的认可。

成年以后，诱发我们泪水的宏大事物变得更具象征性和隐喻性，几乎所有人类的经验都是如此。在文化仪式和典礼上，欣赏某些音乐、舞蹈动作、电影和戏剧中的场景时，庆祝体育比赛的胜利时，甚至在演讲或对历史事件的描述中听到诸如正义、平等、权利或自由等抽象概念时，我们都会哭泣。当看到具有特殊意义的地方，我们从中对那些离去的人感到敬畏时，我们也会流泪。敬畏的泪水表明我们意识到了将我们与他人联结在一起的宏大力量。

寒战

"我的童年就是一种极端的敬畏。"当我问起克莱尔·托兰（Claire Tolan）早年的敬畏经历时，她是这样回答的。这句话与她那狂热的眼神和凌乱的头发一样让我感到惊异。

克莱尔在俄亥俄州长大，却在其他地方找到了敬畏。她十二岁开始写作，整个青少年时期创作了大量的诗歌与散文。她从威廉·卡洛斯·威廉姆斯[①]（William Carlos Williams）的话语中发现了早期诗歌的高尚气质，这促使她在大学时学习诗歌，后来又获得信息科学的博士学位。

毕业后，克莱尔搬到了柏林，为一款应用程序工作。在那座城市的一家咖啡馆里，她向我描述了这款名为"难民的爱彼迎"的应用程序。不过，在这座新城市落脚对她来说很艰难。除了感到焦虑和紧张，出现在她身上的还有二十一世纪的普遍问题——孤独感。她的睡眠被打乱，经常在黎明前发现自己彻底醒了，脑子里嗡嗡作响，烦躁不安。

克莱尔在 ASMR 找到了安慰。什么是 ASMR？如果你还

[①] 二十世纪美国最负盛名的诗人之一，与象征派和意象派联系紧密。

不到三十岁,就很可能已经知道了,而且可能已在其数字产品中添加了书签。如果你已经三十多岁了,这听起来就像是年轻一代的又一种神秘缩写,仿佛他们嘲笑着你的舞步并且来接替你的工作。

ASMR 指的是"自发性知觉经络反应"。这一串难以理解的拗口单词指的是你身体上的一系列感觉,包括脊柱、肩膀、后脖颈和头顶的刺痛。当诗人沃尔特·惠特曼在写"带电的身体"[①]时,脑子里想着的或许正是这种感觉。

像克莱尔这样的人是如何发现自发性知觉经络反应的呢?这是故事变得奇怪的地方。在线上有数百万 ASMR 视频,通常以某个人为主角,近距离拍摄,其喃喃细语和做出的动作仿佛在向作为观众的你靠近。此人可能会发出日常生活中的声音,刺碎食物、敲击台面、包装玻璃纸沙沙作响,或亲密的交谈。或者是舌头在湿润的嘴里发出的咔嗒声、轻轻的咂嘴声、吃饭的声音,以及来自韩国的一种纯粹 ASMR 风格的吮吸贝类的声音。私密空间里的照护行为的视频也可能引起自发性知觉经络反应,比如牙科手术、脊骨神经矫正或耳内清洁。

对克莱尔来说,ASMR 的体验缓解了她的焦虑,使她获得一种奇怪的舒适感、存在感,甚至是一种家的感觉。在我们谈话结束时,我问她这一切意味着什么。她反思道:

---

① 这个词组出自惠特曼的《草叶集》中的一首诗《我歌唱带电的身体》(*I sing the body electric*)。

就像被童年时代的声音所包围。听到你的父母在吃饭时说话,盘子和木头餐桌上的银器叮当作响。感觉就像你正要沉入梦乡的时候,妈妈靠近你说晚安。它们是被亲密包围的声音,是生命最初几年的声音,是被拥抱的声音。

某些类型的寒战意味着让你爱的人接近你,被家的声音包围,我们该如何看待这种可能性呢?为了回答它,可以在威廉·詹姆斯给他的哥哥、伟大的小说家亨利的信中找到一些启示。这些信件生动地描述了背痛、胃部不适、静脉刺痛和身体疲劳。这对高度敏感的兄弟,他们脑海中的剧情在他们的身体感觉中上演,并引出了威廉持久的、总也挥之不去的想法:我们的精神生活是躯体化的。我们对情绪的有意识的体验,还有我们借以感知生活的视角,比如说敬畏,我们属于更宏大的某种存在,大于那个源自身体的感觉以及作为基本神经生理机能的自我。对詹姆斯来说,"我们的精神生活与我们的身体结构紧密地联系在一起"。

今天,出自威廉·詹姆斯思想的一种有关躯体化的新科学揭示出,我们的许多重要思想都与身体反应有关。例如,当心脏以每秒四次的频率收缩并通过动脉泵出血流时,你对风险的感知会伴随你的收缩血压而变化。我们如何保持自己的身体形塑着我们所感知到的现实。当你移动面部肌肉形成相关情绪(例如厌恶)的表情时,你会更容易识别出你的思想(比如

"呕吐")。仅仅是皱起眉头、怒气冲冲地紧闭着嘴,就会让别人觉得生活更不公平。在倾听爱人的声音时,试试牙关紧咬盯着对方,看看他们作何感想。你对某人是否值得信任的判断会跟随你的消化道里的感觉而发生变化。

克莱尔·托兰对自发性知觉经络反应的体验是躯体化理论的一个富有诗意的例证,她的寒战伴随着与父母亲近和被家的温暖感觉所包围的愉悦感受。随着某种寒战而来的是与他人共同面对未知事物的感觉,这个主题贯穿历史,在描述敬畏时刻和生活奇迹时反复出现。

在艺术领域,音乐的某些特质会产生寒战,如渐强、高昂的独奏、奔放的吉他即兴演奏、快速的鼓点与刺耳的和弦。当音乐让我们在共同的身份感中与他人拉近距离时,也会给我们带来寒战。

在阅读小说或诗歌当中,一种"文学的战栗",也就是意识到某个情节的巨大力量时那种突如其来的寒战,会传遍我们的身体。关于阅读查尔斯·狄更斯的小说,弗拉基米尔·纳博科夫(Vladimir Nabokov)曾说道:"虽然我们是用头脑来阅读,但艺术乐趣的位置却在肩胛骨之间。那背后微微的颤抖无疑是人类在发展纯艺术和纯科学时所获得的情绪的最高形态。让我们向脊柱和它带来的刺痛致敬。"和音乐一样,文学的寒战也能把我们与其他人团结在一起,共同面对宏大的未知事物。

我们经常会在顿悟时经历寒战，因为顿悟可以让我们与他人共同受益。《华盛顿邮报》的记者卡尔·伯恩斯坦曾报道过终结理查德·尼克松总统任期的水门事件。某一天，他正在咖啡馆里，一阵寒战袭来，他转向同事鲍勃·伍德沃德①，脱口而出："哦，我的上帝，这位总统会被弹劾的。"寒战向我们的默认思维方式发出信号，在这种特殊情况下，社会变革的力量尚未得到认可，伯恩斯坦和伍德沃德的发现将引起一场推翻总统的运动。

不同类型的寒战反复发生在与神的相遇中，如《约伯记》②中的这个例子：

> 在思念夜中异象之间，世人沉睡的时候，恐惧、战兢临到我身，使我百骨打战，有灵从我面前经过，我身上的毫毛直立。

在瑜伽传统中，寒战是忠诚爱情的标志，是灵量的一部分。灵量是在瑜伽中体验到的女性化的、自我消解的神秘互联的精神能量。在佛教文献《阿毗达摩》中，身体颤抖被视为一

---

① 伯恩斯坦和伍德沃德是报道了最终导致美国总统尼克松辞职的水门事件的《华盛顿邮报》前记者。
② 《圣经·旧约》中诗歌与智慧书的第一章。此段译文引自中国基督教三自爱国运动委员会和中国基督教协会出版的中文版《圣经》，2009年版。

种狂喜的迹象，代表着在与神的联系中失去了自我。正如沃尔特·惠特曼所认为的那样，如果心灵被躯体化，那么寒战似乎是在表明我们已经认识到，我们与比自我更重要、更美好、更伟大的事物建立了联系。

但我们如何理解"寒战"所包含的各种含义呢？与之相伴的是敬畏和惊恐，幸福和畏惧，狂喜和恐惧，还是与神的结合及谴责？

在此类问题的启发下，探究敬畏的科学家们描绘出"寒战"的含义。在一项说明性的研究中，人们被要求写下一段打寒战的经历，然后汇报他们对冷战、发抖、刺痛和鸡皮疙瘩这四种感觉，以及各种情绪的感受程度。该研究揭示，"寒战"可以指向两种不同的身体反应，包含着截然不同的社会意义。

第一种是因寒冷而发颤和发抖，我称之为冷战，伴随着恐惧和畏惧的感觉。人类的堕落和卑劣会引发冷战，例如读到有关种族屠杀、酷刑、同类相食或恋童癖的内容时。冷战伴随着被疏远、孤独和与他人分离的感觉。在涉及冷战的神秘体验中，个人感受到全能的神的谴责，害怕来世的孤单折磨与孤立无援，让人想起但丁的地狱。当我们在一个熟悉的地方感到一种奇怪而意外的空旷时，这种更日常的诡异体验会引发冷战。

第二种寒战是手臂、肩膀、后脖颈和头顶的一种强烈感觉——"鸡皮疙瘩"。自发性知觉经络反应类似于这种寒战。在回到谢拉山脉东部徒步前往鸭子湖时，我就是这种感受，与罗尔夫去世之前我和他经历过的一样。研究发现，鸡皮疙瘩和你与群体中其他人的联系感增强有关。我们的敬畏体验伴随着鸡皮疙瘩，而不是冷战。再一次，更多的证据表明了敬畏、害怕和恐惧之间的区别。

如果我们沿着进化历史追溯这两种寒战，这段旅程会把我们带往何处呢？那就是关于哺乳动物的敬畏之起源的最新思考，或者更广泛地说，是有关心灵的进化。

除了进食和保持足够的氧气之外，保持适当体温对生存也是至关重要的。当我们太热或太冷时，复杂的大脑和身体机制便会启动。高度群居的哺乳动物，如某些啮齿类动物、狼、灵长类动物和人类，在他们的工具包里有一个额外选项来应对极端寒冷，那就是蜷缩在一起。这符合一个更普遍的进化原则，即像老鼠、狗和人类这样的群居性哺乳动物，在面临危险时会与同类相互依靠和协作。

群居哺乳动物对极端寒冷的第一反应是毛发直立，这是鸡皮疙瘩所基于的身体反应。立毛导致皮肤变紧，在寒冷中减少孔隙。可见的立毛信号会让同类蜷缩在一起，开始靠近并发生触觉的联系，这在人类身上表现为鼓励性的触摸甚至拥抱。靠近和触觉联系激活了相关的神经化学反应，包括释放催产素这种通过大脑和身体传播的神经化学物质，促进对他人的开放，并激活交感神经。当我们的哺乳动物近亲遇到宏大而危险的神秘事物的时候，如彻骨的寒冷、咆哮的洪水、突然的狂风、雷鸣般的暴雨和闪电,他们会竖起毛发,并通过与同类拉近距离而获得温暖与力量。

如果不能缩成一团,面临致命寒冷的哺乳动物会求助于哆嗦和打战,剧烈的肌肉收缩会温暖身体组织。今天,当人类独自面对危险的神秘和未知事物,比如在社交中被拒绝、被排斥或极度孤独时,或者遭遇他人施加的恐怖时,我们也会哆嗦和打战。冷战的神经生理特征与鸡皮疙瘩大不相同,包括大脑中与威胁相关的区域——背侧前扣带皮层——的激活,以及血压升高。在让·保罗·萨特的小说《恶心》(*Nausea*)中,主人公洛根丁经历了一场"可怕的狂喜",当他独自坐在公园长椅上看着一株板栗树时,浑身颤抖,感到恶心。他的颤抖和战栗体现了存在主义的中心思想,对某些人来说代表了二十世纪个人主义的核心观念:只有我们才能为生命的奥秘赋予意义。

敬畏的确遵循着惠特曼的"美丽的生理学法则"。我们的眼泪记录了我们对于将我们与他人团结在一起的宏大事物的感知。我们的鸡皮疙瘩伴随着与他人一起面对神秘与未知事物的观念。今天,当我们被一支喜爱的乐队打动时,在街头与他人大声抗议时,或者众人一起低头沉思时,可能就会感觉到这种身体敬畏的法则。从这样突如其来的泪水和寒战与惠特曼那带电的身体中,我们都可以感受到我们的心灵是什么。

当寒战与泪水席卷而来,我们常常无言以对、疑惑不解,感激我们身处其中的这一切宏大和神秘。作为一种高度社会化的灵长类动物，我们经常出于本能地通过身体动作和声音来与他人交流生活的奇迹。这是我们最早的敬畏语言。

惊叹

我们已经了解到，彩虹打动了牛顿和笛卡尔，成就了他们最好的数学和物理学。对于保罗·瓦斯克斯（Paul Vasquez）来说，天空中如此和谐的色彩为我们的数字时代创造了一个奇迹。在他2010年拍摄的三分钟视频里，他在优胜美地的自家门口看到了一道双彩虹，到我写作本书时，该视频已被浏览了将近五千万次。视频里，你可以看到一道双彩虹出现在优胜美地附近绿草如茵的丘陵上。在这三分钟的时间里，瓦斯克斯不断发出超验状态的声音，在惊叹中兴高采烈，因狂喜而"啊……啊"地大声叫喊，边哭边笑。当我们意识到超越默认自我的狭隘视角的某些宏大与深刻的事物，就会发出这种存在主义的笑声。在视频接近尾声时，他说道，"太多了，""哦，我的上帝"，并几次问道，"这意味着什么？"在敬畏中，我们发出了超验的声音。

对查尔斯·达尔文来说，瓦斯克斯的惊叹说明了我们怎样提醒他人生活的奇迹，并使自己在理解和行动中保持一致。在1872年的《人类和动物的情绪表达》（*The Expression of the Emotions in Man and Animals*）一书里，达尔文详细描述了人类情绪表达方式的演变,就像黑猩猩的瀑布舞或群居哺乳动物在感到致命寒冷时挤作一团。他描述的情绪表达有三种与敬畏相关:钦佩、惊讶和虔敬。钦佩涉及微笑。当我们被一个巨大的意外事件惊呆时,我们会感到惊讶,不会有微笑,而是用手捂住嘴。而虔敬则是对神圣事物的认可,脸朝上,身体谦恭地跪下。闭上眼睛,仿佛贝尼尼①的著名雕塑《圣特雷莎的狂喜》(*The Ecstasy of Saint Teresa*)。双手张开向上翻转,如同乔托②所画的,圣方济各向聆听的鸟儿们布道,因为他为"如此众多的鸟儿和它们的美丽"感到惊奇。

有没有一种普遍的敬畏表情,一种在整个进化过程中将我们统一起来,共同认识生活奇迹的敬畏表情呢?为了回答这个问题,我在耶鲁大学的合作者丹尼尔·科达罗收集了中国、日本、韩国、印度和美国的数据,以寻求敬畏的身体。每个国家都设有实验室,通常只是一间空荡荡的教室,参与者首先听一个说他们母语的人讲述有关情绪问题的简短故事,然后他们通过自己喜欢的方式用身体表达故事中所描绘的情绪。这是一个情绪游戏的实验。在八个月的时间里,逐毫秒地对这些身体动作进行了标记,揭示出以下内容。

---

① 乔凡尼·洛伦佐·贝尼尼(Giovanni Lorenzo Bernini),意大利雕塑家、建筑家、画家。
② 乔托·迪·邦多纳(Giotto di Bondone),意大利画家、雕刻家与建筑师,意大利文艺复兴时期的开创者,被誉为"欧洲绘画之父"。

来自这五个国家的人们害怕地尖叫，愤怒地咆哮，在欲望中舔着嘴唇并噘起嘴，有时高兴得手舞足蹈。敬畏呢？在这五种文化中，人们用抬起眉毛和上眼皮、微笑、下巴低垂和向上仰头表示敬畏。身体上的敬畏动作大约有一半是普遍存在的，或者是跨文化的。每种表情有四分之一是个人独有的，取决于各自的生活经历和基因。大约25%的动作是每种文化特有的，表现为特定文化的"腔调"。举例来说，在印度，敬畏的表情包括诱人的噘嘴，或许正是这些有关密宗性爱的色情雕塑和论文体现了印度人的敬畏之情。

瓦斯克斯的惊叹被称为声音爆发，一种持续四分之一秒左右的声音模式，不涉及语言，目的在于传达情绪。声音爆发的其他例子包括叹息、大笑、尖叫、咆哮、呜呜声、呸、哦、啊和嗯。声音爆发已有数百万年的历史，在大约十万年前话语出现之前，它是智人的主要语言。许多群居哺乳动物，包括类人猿、马、山羊、狗、大象和蝙蝠，都有一整套的声音爆发，它们以此来交流威胁、食物、性、从属关系、舒适、痛苦和玩耍等信息。

为了了解敬畏的惊叹声是否具有普遍性，我们让人们说出他们在不同情况下的感受，比如："你的脚趾被一块大石头绊住了，感到疼痛。"——哎哟！或者"你看到一个有魅力的人想要做爱。"——嗯（这很像我们品尝美味食物时发出的声音）。又或者"你刚刚看到了世界上最大的瀑布。"——听起来像是哇、啊、呀的一阵敬畏的声音爆发。当我们向来自十个国家的人播放这些声音时,他们在几乎 90% 的情况下都能正确识别敬畏的声音爆发。敬畏的声音爆发是最普遍的情绪之声,这个发现给我们留下深刻的印象。在不丹东部的喜马拉雅山区有一个偏远的村庄,那里的人们很容易把它识别出来,而他们很少接触西方传教士或来自西方和印度的那些长于表达的媒体。在大约十万年前语言出现之前,为了让自己的亲朋好友一起面对生活中的宏大神秘事物,我们曾对着他们说"哇"。

敬畏与文化演进

在探究为何敬畏的旅程中,我们回到进化时代,想象一个早期原始人的敬畏形象,满面泪水、毛发直立、蜷缩身体、发出类似"哇"的声音、瞪大眼睛、张开双臂,加上触摸等其他社交行为。我们可以想象,这或许就是几十万年前成千上万个智人的敬畏。敬畏让他们团结起来,分享食物,在寒冷时挤作一团,吓跑捕食者,狩猎大型哺乳动物,后者是我们的高度社会化生存的必需任务,也和天气模式、生态系统、动植物生命周期,以及动物的迁徙有关。这些早期形态的敬畏关乎共同面对危险和未知事物。

考古记录显示,大约 8 万~10 万年前,出现了语言、符号、音乐和视觉艺术。智人成为一种有文化的灵长类动物,通过不断进化的应用象征符号的运用能力,他们很快便将敬畏记录下来。随着基于语言的表现形式的出现，人类开始用文字、隐喻、故事、传说和神话，以及绘画、雕刻、面具和雕像中的视觉技术，向他人描绘生活的奇迹。通过符号化，我们在歌唱、吟诵、舞蹈、戏剧表演和音乐中，将我们的身体敬畏表情加以戏剧化。而通过仪式化，我们又把与敬畏关联的身体偏好模式，例如鞠躬和触摸，固化到仪式和典礼当中。

在各种文化形式对敬畏的记录中，我们与其他人一起经历敬畏的文化和审美体验，以了解我们高度社会化的生活中的神秘事物。这是 1995 年至 1997 年的美国桂冠诗人罗伯特·哈斯（Robert Hass）提出的一个命题。2016 年，他在伯克利的一次会议上发表了十二分钟的演讲，内容是关于敬畏在文学和诗歌中的作用。在详细阐述这一观点时，他用"哇"代表文学的顿悟，这是我们在认可崇高的事物时发出的古老声音。

哈斯从亚里士多德有关"宣泄"的观点开始。两千五百年前，"宣泄"是一种净化仪式。如果一个人遇到危险的鬼怪，他会先用油清洗自己，然后才能回家。戏剧、诗歌和文学可以让我们在想象的安全领域中好奇并洞察人类的恐惧，可以作为象征性的、仪式化的净化行为，将人类的伤害和恐惧转变为激发敬畏的美学表现形式。

哈斯接着讲述了索福克莱斯[①]（Sophocles）的《俄狄浦斯

---

① 古希腊时期雅典的三大悲剧作家之一。

王》。一位国王与母亲同床共枕,杀死了父亲,然后剜出了自己的眼睛。这部剧结尾的合唱是关于得知了摧毁家庭的可怕冲突而遭到诅咒。哈斯转向观众,扬起眉毛,向前跨了一步:

哇!

接着,哈斯快进了两千年的时间,来到莎士比亚的《哈姆雷特》和《安东尼与克娄巴特拉》,这两出悲剧都结束于恐怖的死亡场面。在后者的结尾处,"大地崩裂,地心颤抖。"克娄巴特拉之死影响如此巨大,以至于让大地都打起了寒战!请注意,哈斯将目光从笔记上移开,向观众望去:

哇。

观众们吓了一跳。朋友之间一边笑着一边互相推搡,想知道接下来哈斯的演讲会把他们带到哪里,然后注意力又移到了讲台上。

在那里,哈斯提起了令他终生敬畏的一个源泉:俳句。写一首关于富士山的诗对俳句诗人来说是司空见惯的,这座山是日本两千多个灵修团体的圣地。他引用了传奇诗人松尾芭蕉的诗句。

朦胧的细雨

富士山的面纱终日不去——
多么神秘！

哇。

下面这首绯句是关于住在诗人旁边的一个邻居：

秋意渐深——
住在隔壁的邻人
何以为生？

哇。

在对他人的内心和生活模式的好奇中，我们可以发现日常生活中的敬畏。

在他对文学敬畏的这番简短回顾进行到八分钟的时候，哈斯借用了他认为是"这门语言中最伟大的作家之一"的艾米莉·狄金森（Emily Dickinson）的诗句。哈斯开玩笑说，她的诗是在低血糖状态下写出来的，反映了"最伟大的"上帝在十九世纪逐渐衰落时，她努力地克服与无限发生联系的渴望。他注意到她对死亡和悲伤的持久兴趣。

他朗读道：

有一道光影斜斜
在冬日的午后——
它轻轻，压迫着
像教堂的音乐幽幽——

带给我们，来自上天的伤害——
我们找不出疤痕来
但内心已发生变化
这就是意义，所在——

没人能说出——半分——
这是隐秘的绝望——
一种超凡的痛苦
来自上苍——

当它来时，四野倾听——
阴影——屏住呼吸——
当它去时，像死神脸上的表情
那遥不可及的距离——①

---

① 这首《有一道斜斜的光线》由狄金森创作于1961年。该段译文引自华南理工大学出版社2013年版《艾米莉·狄金森诗选（300首）》，译者周建新。

听着"一道光影斜斜"和"四野倾听",还有"死神脸上的表情",我的心脏停止了跳动,双眼悄悄盈满泪水,伴随而来的是我的脊柱上一阵轻微的寒战。我通过自己的身体理解了这一损失的宏大,和其他观众一起,共同意识到这个重要的事实。然后又听见哈斯喊道:

哇。

最后是加里·斯奈德①(Gary Snyder)的一首诗。斯奈德坐在谢拉山脉的一个小火堆旁,将温暖他身体的火、造就他身边这座大山的火山之火和净化灵魂的佛教火祭仪式联系起来。哈斯以佛陀的一句话结尾:

我辈皆业火焚身。

哇。

哈斯的惊叹和他读到的充满诗意的文字鼓动观众敞开心扉,他们想要了解我们的道德缺陷、死亡、我们与邻人的联系和他们头脑的神秘运转、光线与大教堂曲调的含义,以及火

---

① 二十世纪美国的著名诗人,也是散文家、翻译家、禅宗信徒和环保主义者,2003年他当选为美国诗人学院院士,是"垮掉派"中诗歌成就较高者。

焰如何造就大山和岩石，还有作为一种隐喻的我们的灵魂。文学、戏剧、散文和诗歌让我们一起体验敬畏，让我们从它的转型中受益。在一次对这种观点的测试中，学生们首先被问到这样一个问题："我们为什么活着？"然后他们通过写一首诗来表达自己的想法，并报告了他们在写作过程中感受到的敬畏。随后，文学博士生根据下述这些可以追溯到古希腊时期的标准，对这些诗歌进行了评级，以确定它们有多么的崇高：

这首诗是否蕴含了大胆而宏伟的思想？
它是否将激情提升到强烈或热烈的程度？
它是否呈现出对语言的熟练运用和优美的表达？
它是否展示了雅致的结构与成分？

然后，另一组参与者阅读了这些诗，并报告他们从这些诗中受到多少鼓舞。研究发现，学生诗人在写诗时越感到敬畏，博士生们就越认为这些诗是崇高的；诗歌越是崇高，学生读者感受到的鼓舞也就越大。我们可以将敬畏的体验转化为共享的审美体验，从而将我们联合成某种超越个体的存在。

对敬畏的这种记录，将身体的敬畏转化为一种文化形式，这正是克莱尔·托兰在柏林取得成功的原因之一。她将对于自发性知觉经络反应的感受转化为二十一世纪文化的创意行动。她在柏林社区的电台主持了一场以 ASMR 拼贴直播为特色的节目。她和另一位艺术家一起，在柏林的夜总会举办了社交活动，其中包括 ASMR 卡拉 OK。在那里，参与者呢喃歌唱，观众则低声要求再来一曲。

哇。

敬畏和文化是不断演进的。几千年前，那是一个日常敬畏的时代。土著人对自然、故事、仪式、舞蹈、吟诵、歌曲、视觉设计以及超越我们在空间、时间和因果关系上的普通观念的意识状态感到敬畏。老子为人们指明了生命力量的奥秘之所在——道法自然。柏拉图宣称好奇心是哲学的源泉，是我们回答生活重要问题的途径，包括那些让我们感兴趣的问题：我们的灵魂是什么？我们怎样找到那些对我们来说神圣的东西？

两千五百年前，类似于诺里奇的朱利安那种有关神秘体验的记述开始主导敬畏的历史，从佛陀和基督一直到启蒙运动时期。对于传说、神话、教义、仪式、图腾和寺庙中的神秘敬畏的记录构成宗教的一部分。至少在历史记录中，敬畏正在转变为一种主要的宗教情绪，反映了我们在面对暴力、贸易扩张、家庭破裂以及利己主义凌驾于群体共享之上的时候，试图理解上帝并构建共同体的努力。

当走出黑暗时代，在一场艺术、音乐、文学、修辞、戏剧、城市和建筑设计的大爆炸中，我们感受到敬畏。譬如，莎士比亚的戏剧总是能重新激起观众的好奇心，直到今天依然如此。几个世纪后，埃德蒙·伯克①（Edmund Burke）详细讲述了如何在世俗中找到敬畏，这是西方首次对日常敬畏发出的哲学倡导。浪漫主义的主要人物，卢梭、雪莱、布莱克②、华兹华斯都告诫我们要寻找崇高，尤其是在大自然中。他们激励了美国的超验主义者，后者赞美我们日常敬畏的来源。拉尔夫·沃尔多·爱默生在自然中行走时发现它，玛格丽特·富勒在自由的知识交流中找到它，沃尔特·惠特曼从日常生活中的普通人身上看到它，还有威廉·詹姆斯在宗教、幻觉和毒品中的神秘体验。

在敬畏的历史上，这些起起伏伏给"为何敬畏？"这个问题提供了另一种有别于进化论的答案。因为敬畏让我们走出自我，并将我们融入使我们得以生存的更大模式中，包括群体、自然、思想和文化形态。当我们意识到那些统一起来的更大模式时，我们会泪流满面。寒战向我们发出信号，说明我们正在试图与他人一起理解这些未知事物的意义。

本书以敬畏科学为主题的第一部内容即将结束。我们已经看到，敬畏是如何在遇到生活奇迹时产生的，又会如何导致自我消失，感到惊异和圣徒倾向。我们对眼泪、寒战和惊叹的剖析使我们对哺乳动物进化中的敬畏有了更深刻的理解，发现了

---

① 英国十八世纪著名政治家，保守主义的奠基人。
② 指威廉·布莱克（William Blake），英国第一位重要的浪漫主义诗人。

其根源在于我们认识到那股强大而神秘的力量，它要求我们超越自我与他人联合。

针对敬畏在生活的八种不同奇迹中如何发挥作用，我们准备以对敬畏的了解为指引，开展更为集中的研究。这些奇迹中的体验，例如音乐或神秘遭遇，往往超越了语言的范围和科学的趋势，无法在线性的因果理论中加以定义、衡量和假设。认识到这一点，我们将要更多地依靠人们的敬畏故事，包括我在监狱和交响乐厅附近听到的那些故事，老兵们讲述在战斗中险些丧命的情景，以及一位在墨西哥社区医院几乎死去的土著学者的故事。这些故事开始于宏大神秘事物的体验，并通过敬畏的变革性力量在个人生活中逐渐展现出来。

[第二部分]

促成变革的敬畏故事

CHAPTER
— TWO —

第四章

道德之美

他人的善良、勇气和
克服如何激发敬畏

随着时间的推移,在过去的四十年里,我越来越多地致力于确保以善意的行为(无论出于偶然、故意或误用……)生成语言。让善良自我表达并不能消灭邪恶,但它确实让我表明了自己对善良的理解,那就是获得自我认知。

——托妮·莫里森[①]

圣昆廷州立监狱位于旧金山湾,是一所二级监狱。它关押了四千五百名囚犯,这些身着蓝色囚服的人包括在加利福尼亚被判处死刑的犯人。2016年,我第一次去这所监狱做演讲,作为一个囚犯主导的、为两百名犯人提供服务司法矫正项目的一部分。

在第一次到访的前一天晚上,我仔细查看了访客须知:衣着的颜色须有别于罪犯的,为绿色、米色、棕色和灰色,如果出现意外情况,狱警可以很容易地将其与囚犯身着的蓝色区分

[①] 美国著名黑人女作家,从1989年起任普林斯顿大学教授,1993年获诺贝尔文学奖。

开来。不可以接触囚犯，严禁毒品，不得带入武器。

那天去演讲的一个动机是我对司法矫正项目的兴趣，而更深层次的原因是，在阅读米歇尔·亚历山大[①]（Michelle Alexander）的《新吉姆·克劳》(*The New Jim Crow*) 和布莱恩·史蒂文森[②]（Bryan Stevenson）的《正义的慈悲》(*Just Mercy*) 的过程中，我被敬畏所打动。这两本书记录了美国历史上的重要观念：一系列的社会制度对有色人种的征服，从对原住民的种族灭绝到奴隶制再到大规模监禁。阅读这些书时感受到的敬畏让我开始思考美国的种姓制度所带来的恐惧。我的一位朋友现在已是斯坦福大学的教授，他在十几岁时曾被警察拦住并遭锁喉；一位原住民朋友在为父母取药时被赶出药店；我的一个墨西哥裔美国学生每天晚上给他的祖父母打电话，讲述移民与海关执法局的最新动向；我看到一个在伯克利获奖的优等生，从无家可归的状态下长大，因为长期的饥饿，在挑选食物时总是顾虑重重。带着对这几本书的敬畏，我走进了圣昆廷监狱。

访问当天，我和司法矫正项目的其他几名志愿者一起走进第一道安检门附近满是尘土的候见室，和里面那些犯人的妻子、母亲、朋友及孩子一起等待，同时观看了一场囚犯的艺术作品展，有素描和木刻，还有以花卉、日落、海湾景色和家庭

[①] 美国著名民权倡导者，广受赞誉的女律师、作家和法律工作者，《纽约时报》专栏作者。

[②] 美国著名人权律师，被誉为"美国的曼德拉"。

成员面孔为内容的绘画。那天是我第一次接触到囚犯们如何以不同方式展露他们作为一个人的优点——正如托妮·莫里森所说，让善良自我表达。在第二个安检口，我们向站在有机玻璃岗亭里的警卫出示我们的身份证。获得批准后，我们穿过了巨大的铁门，门锁落下时，那象征着某种终局的"哐啷"声令人惊悚。

进了圣昆廷监狱，我们被护送到监狱的小教堂，在那里，我坐在了一百八十名身着蓝色囚服的犯人中间。教堂的墙壁很亮堂，透过海湾的雾气，反射出一道纯净的白光。这些囚犯几乎都是有色人种，就像说唱歌手图派克·沙库尔（Tupac Shakur）在 1998 年的歌曲《改变》中所预言的，严苛的毒品法规让美国的监狱人满为患：

> 那不是个秘密，不要掩盖事实
> 监狱拥挤不堪，全都装满黑人

这天的上午开始于来自不同宗教的仪式，聚集了基督教、穆斯林、佛教和犹太教的信仰者。一个名叫"灰鹰"的囚犯用木笛演奏了一首他所属的美洲原住民部落的圣歌，尖厉高昂的音符将我们的共同意识带到教堂的窗外。这个上午的高潮是一支哈卡战舞表演，领舞的是一个名叫乌普的囚犯，他凭着一身 280 磅的肌肉成为监狱垒球队的主力。波利尼西亚的哈卡舞象征着波利尼西亚太阳神的妻子海英-劳玛蒂的光辉能量。在炎热的日子里，从地面上升起的颤动的热气中可以看到她本人的形象。这种舞蹈包括二头肌隆起、下蹲、激烈的喊叫，以及瞪大眼睛、张开嘴巴和露出舌头的威胁表情。乌普带领六个魁梧的波利尼西亚岛民舞动起来，他们的跺脚和叫喊声好像让房间也一起摇晃起来。几英尺外的长椅上坐着的囚犯们睁大了眼睛，微微张开嘴巴。

当我们在休息时间置身于囚犯们中间时，他们分享了自己的艺术作品。有的拿出给祖母或父亲精心准备的信件读了起来，有的谈到受害者和哀悼逝者的母亲。像我这样在外面过着优渥生活的人，身上的故事都是一成不变的，就像一本小说的封套。穿着蓝色囚服的人们讲述的故事却是简略而隐晦的，有如诗歌中的文字，可以解读出混乱强暴的力量，它的变化循着说唱的节奏和讲述救赎的布道那种拉长的音调。这些故事都始于年少无知的违法行为，吸毒、贩毒、商店行窃、非法入侵和鲁莽驾驶，如果不是因为我的肤色，可能也会因为这些行为被关起来。然后就是改变命运的暴力。

我记得其中有这样一个故事：

> 我在妓院里长大。我爸爸在我出生之前就跑了。妈妈沉迷于快克可卡因，我的继父给她拉皮条。家里的起居室总是挤满了聚会的人。我十岁时便开始胡作非为，吸毒、

非法入侵、抢劫汽车。十二岁时，继父给了我一把枪。他想给我妹妹拉皮条，我们在客厅里厮打起来，我把他杀了。

后来……

有一天，两个帮派的人到我表哥的家里找他。他不在，于是他们用枪打死了他的妈妈。她当时正坐在乐至宝沙发上，在两岁大的小儿子面前看电视。朋友给了我一把枪，说我必须报仇。我在放学后跟踪这些人，打死了其中两个。但是，我杀错了人。

社会学家现在总结出十种早期的精神创伤，即所谓的童年不良经历（简称ACE）。许多囚犯在上幼儿园时评分接近十分，命中注定的一次巨大不幸将应激系统推向极端，毁了他们的前途，也缩短了他们的生命。

随着那一天慢慢过去，我感觉到一种痛苦。作为我当天演讲的一个焦点，敬畏与那些身穿蓝色囚服的人毫不搭界，甚至可能是一种冒犯，是我的白人特权思想带来的目光短浅和孤陋寡闻的产物。对于被判终身监禁的人来说，在一个9英尺乘12英尺的牢房里每天生活二十个小时，有什么值得他敬畏的呢？

演讲开始十五分钟后，我站在讲台上，面对着话筒和教堂乐队的扩音器，问道：

什么东西让你们感到敬畏呢？

然后我等着。过了一两秒钟，我听到了这些答案：

我的女儿
外面来的探视者
在教堂乐队里唱歌
空气
耶稣
我的室友
外面操场上的灯光
阅读《古兰经》
学习怎样阅读
参加圣昆廷的司法矫正项目
今天

他人的奇迹

荒诞的是，当我们拥有了足够的财富去享受"有品位"和"有文化"的生活时，敬畏就会变得日益稀缺。这些囚犯的回答告诉我们的确是这样的，最近的实证研究也是如此。一项研究发现，财富较少的人在一天中会更频繁地感到敬畏，对自己的日常环境也会更加好奇。人们往往会以为，更多的财富能够使我们在精品住宅、豪华度假胜地或高端消费品中找到更多的敬畏。事实上，恰恰相反，财富削弱了日常的敬畏，也破坏了我们从他人的道德之美、自然奇观或音乐和艺术中发现崇高的能力。我们的敬畏体验并不取决于财富的多少，日常敬畏是人类的基本需求。

在我们于不同国家开展的日志研究中，最有可能给我们的参与者带来日常敬畏的是他人的行为，如陌生人、室友、老师、工作上的同事、新闻中的人物、播客中的角色以及我们的邻居和家人的行为。在特殊情形下，令人不安的行为也能产生同样的效果，就像这个西班牙人的故事：

> 那是在法国巴黎的一个地铁站。大约是晚上十点半，车站里只有我们几个人在等车，一个男人此时走过来，又骂又叫，说的是有关上帝的什么事情，我觉得他肯定有毛病。他抽出一把刀，碰到什么东西都打上一拳，划上一刀。我们撒腿便跑，离开了地铁站，我想我再也不会一个人去坐地铁了。

还有一个被专制领导人的崛起吓得目瞪口呆的故事：

> 两天前，某国总统选举的结果宣布时，我感到一种

敬畏。获胜者是个与杀人小队有联系的家伙,在一个澳大利亚女传教士的强奸杀人案件中,别人曾要求他打头阵,他还威胁要与其他国家开战!这样的人能赢得总统选举???真是太不可思议了!!!当下的形势意味着像他们这样的人或许会成为一个国家的总统!!!这就是迎合最底层民众的强硬言论。而他们真的赢了!!!

我们会为同类的堕落感到惊讶,无论是我们遇见的陌生人,还是公共领域的领袖人物,但这些在全球都是并不多见的敬畏之源。

相反,在世界各地引起敬畏的道德之美中,95%以上是人们为了他人利益采取的行动。勇敢的行为是一种具有崇高潜力的道德之美。人们使用心肺复苏术来挽救心脏病患者的生命,父母抚养有严重健康问题的孩子,旁观者制止犯罪行为或平息打斗,以及无国界医生组织等机构,都让人们心生敬畏。下面这个来自智利的故事讲的是对于勇敢拯救生命的敬畏:

> 我记得那天的天气很棒,我和我哥哥以及他同龄的朋友决定一起去钓鱼,那时我十七岁,我哥哥快二十岁了。塑料鱼线是从邻居那里借来的,我们特别小心,使用的时候非常仔细。我们去的是圣佩德罗德拉帕斯,我不记得那个潟湖是大还是小了,鱼线卡在了潟湖里面几米远的地方。

朋友跳进水里把尼龙线解开，然后身子就往下沉，于是开始大声呼救，尽管我哥哥游泳并不好，他还是跳下去想把朋友救上来。当这个朋友感觉到我哥哥的身体时，就紧紧抓住他的腰，所以他们两人都消失在水面，沉了下去。我大声喊着哥哥的名字，马里奥……马里奥……马里奥。我觉得自己要哭出来了，声音随之哽咽，不知从哪里冒出来的一个穿着泳衣的男子飞奔过来，跳进水中，把两个人都救了上来。这个人的出现简直是个奇迹，他是上帝派来的天使，拯救了我哥哥和他的朋友。最后，我们都回家了。

在那些不同凡响的敬畏故事中经常出现上帝，人们习惯诉诸神性以解释崇高。

在世界各处，他人的善意唤起了敬畏。由餐馆老板支付汽车维修费用，破产时得到朋友的接济，看到市民在街上帮助陌生人，阅读有关道德楷模的内容，最常见的是达赖喇嘛。下面这个来自美国的故事同时包含了勇气与同情：

1973年，父亲在我表哥的餐馆里当酒保。有一天，我正好在那里，我高中时最好的朋友走了进来。他是黑人，我是白人，我已经五年没见过他了。我站起来拥抱他，两人聊了起来。酒吧里有个客人对我父亲说："你怎么能让你儿子把一个黑人当朋友？"我父亲看着这个人，大声告诉他滚出这个酒吧,永远不要再来。那是我为父亲感到最为骄傲的一刻,那年他五十九岁。

克服障碍也很普遍。尽管存在着根深蒂固的种族主义和贫困,但人们依然茁壮成长。从集中营里幸存下来的犹太人,超越精神和身体挑战的人都证明了这一点,比如这个发生在南非的故事:

> 我的女儿一生下来就是双侧足内翻,当我第一次看到她参加芭蕾舞表演时,我的心中满是敬畏。我和我的妈妈坐在观众席上,看着我的小女儿在台上翩翩起舞。演出之前,我跟着她去了后台,一直为她的表演做准备。观看过程中,我感觉泪水开始在眼里打转,我的一颗心好像马上就要在自豪中爆裂。回忆起她出生时双脚扭曲的样子,对她从那天以来的这些年里所取得的成就,我深深地感到敬畏。

我们经常求助于文学、诗歌、电影、艺术,有时也会借助新闻里那些有关克服障碍的激励人心的故事,让善良自我表达。下面是一个来自挪威的例子:

> 也门有一个八岁的女孩,她逃离了一桩强迫婚姻,并

在司法系统中与父母展开了斗争。在报纸上读到那篇有关她的文章时,我受到深深的触动,一个人能够拥有多么大的勇气和斗志,才能为自己的事业而奋斗并最终做出改变啊。读这篇文章的时候我已是一个成年人,我是一个人读到的,但后来忍不住讲给其他几个人听。之后,我没有对自己的生活做任何特别的事,但这是一次茅塞顿开的体验。

最后,他人的稀世才华在世界各地给人们带来了敬畏。对一个来自墨西哥的年轻人来说,那是太阳马戏团的空中飞人和柔术演员;对一个瑞典的女人来说,是她丈夫在家里搬动大件家居物品的能力;对一个澳大利亚人来说,是观看游泳运动员孙杨在打破一千五百米世界纪录时游过的最后一百米;对另一个澳大利亚人来说,是观看冲浪者跃上五十英尺高的海浪;而对一个日本学生来说,则是聆听获得菲尔兹奖章的数学家的报告。下面是关于印度尼西亚的一个罕见人才的故事:

> 有一个自闭症男孩叫安德烈,父母穷得根本供不起他上学。他常常不辞而别离家出走,有一次离开家两年后才被找到。安德烈有一种罕见的天赋,他可以准确地知道哪一天是星期几,无论是什么时候的日期。我和其他五位朋友一起拜访了他,他能精确地说出我们的出生日期是星期几。他还可以不借助任何计算工具进行加减乘除的运算。

父母口中关于孩子的故事也很常见，他们听到胎儿的心跳，听见一岁大的孩子说出第一个字，看着两岁的孩子奔跑如飞，坐在学校舞蹈演出的观众席上为他们鼓掌。孩子很小，但他们的前途不可限量，这是父母对他们更美好生活的敬畏之源。

日常的道德之美也可以改变人生。史蒂文·齐弗劳在一个充斥暴力的家庭长大，有一天晚上，父母一方向另一方泼开水，他都不记得究竟是谁泼了谁。十岁时，他便开始辍学，吸毒，剃光头，加入了一个墨西哥帮派。某一天，他闯入一辆停着的奔驰车内，偷走了它的音响，而车主恰好是洛杉矶警察局的一名警官。他告诉我，进监狱的第一个晚上，一个寒冷的房间里，他在一把椅子上被锁了八个小时，那是他一生当中最漫长的几个小时。

正是日常的道德之美改变了他。在监狱的单独监禁中，史蒂文遇到了一位博学的图书管理员，满足了他的阅读欲望。莎士比亚的《尤利乌斯·凯撒》和其中蕴含的勇气——"我喜爱光荣的名字，甚于恐惧死亡"——对他来说是一次顿悟。史蒂文告诉我，当他从监狱里被释放后，在一个中转站，有个骑摩托的人让他远离毒品，又给他一份每天七十块钱的清洗刷子的工作。他还看到了更多的道德之美。后来，在一所社区大学，有位名叫拉里的莎士比亚课老师教史蒂文像文学评论家一样阅读弥尔顿，并告诉他，他心中的自我厌恶只是那些本可以做得更好的父母的想法，一些转瞬即逝的念头。史蒂文现在正攻读研究生，在加州大学伯克利分校共同发起了"地下奖学金倡议"。这是一个曾被监禁的学生组成的网络，他们引导监狱里的犯人出来以后上大学。该项目让这些不太可能的大学生找到了机会，让他们的善良自我表达。

长期以来，在道德研究中，人们一直认为，我们是在抽象原则的讲授和伟大文本的研究中，或富有魅力的大师和伟大圣人的率领下找到我们的道德方向。事实上，通过对身边其他人的奇迹的敬畏，我们同样可以发现自己"内在的道德法则"。

启迪

美国七十万无家可归者中，约有四千人生活在加州奥克兰的街道上。利夫·哈斯博士一天中的大部分时间都致力于照护他们的健康问题——精神疾病、糖尿病、高血压、伤口化脓、营养不良、药物成瘾，以及无家可归者寒冷的夜里睡在坚硬的人行道上造成的大脑退化。

许多卫生专业人员为这项工作疲于奔命。通过他所关心的那些人的道德之美，利夫·哈斯以持久的韧性坚守着希波克拉底誓言——减少伤害。这里有一个他寄给我的敬畏故事，叫作"光明的雷"，讲述一位天生的脑瘫患者，由于手术而失去了双手的功能。下面这段对话令哈斯心生敬畏。

"嘿！你好吗，雷？"

他回答说："我每天醒来都在想我能做些什么让人们开心。"

我的手臂上起了一层鸡皮疙瘩……

"哎呀，雷，你真是个了不起的人，我的朋友。现在告诉我你为什么来医院？"

雷向我详细讲述了有时候伴随脑瘫而来的说话略显紧张和含混不清。我的头脑运转起来，努力为这个神秘的幸福案例进行诊断。

我们聊了十分钟关于上帝与爱，又找了一些其他话题。

最后，我说："对不起，雷，我得走了……"

离开房间后，我感到活力满满，与此同时也有一种奇特的谦卑感。

与道德之美的相遇可能会让我们大为震惊，就像利夫所经历的敬畏之情，这种体验具有一种令人顿悟的力量，就像小说与电影中令人难忘的场景一样。根据对精神顿悟的哲学分析，以及小说家对个人顿悟的描绘，可以发现这种体验充满了明亮、清醒、真实的感觉，以及对真正重要的事物的敏锐洞察。据此，利夫的故事被称作"光明的雷"，并遵循着敬畏的模式化展现。雷战胜脑瘫的经历让利夫感到无比神秘。雷的慷慨让利夫跳出默认自我的医患检查清单，转而欣赏雷的友善。利夫想知道为什么雷这么高兴。他的身体在鸡皮疙瘩中记下了雷的善良,这种身体上的提示让他意识到,自己是比自我更大的某种事物的一部分。他感到活力满满与谦卑。

实证研究已经描绘了见证他人的勇气、善良、坚强与克服的力量。在本书的一项有代表性的研究中,人们首先观看一段激励行为的短视频,例如特蕾莎修女、德斯蒙德·图图①(Desmond Tutu)或某位感人的教师。或参与者只是被要求回忆一次个人遇到的日常道德之美。此类遭遇会让人们感到更加振奋与乐观,他们会觉得自己更加融入了他们的群体,那个更大的关怀圈。他们对人类同胞的信心以及对人类前景的希望都高涨起来。他们仿佛听到一个声音正在呼吁大家成为更好的人,他们也经常效仿他人的勇气、善良、坚强与克服的行为。他们与其他人分享道德之美的故事,就像挪威人看到有关勇敢的也门女孩的新闻。目睹道德之美的行为会促使我们更普遍地愿意分享并伸出援助之手。

通过这种方式进行的一项研究很有说服力,参与者观看了三段视频中的一段。第一条视频是电视节目《60 分钟》②里的一个短片,讲述了美国白人大学生埃米·比尔在南非被黑人青年谋杀的故事。在悲痛之中,她的父母创立了埃米·比尔基金会(现称埃米基金会),资助青年项目,帮助贫困的南非黑

---

① 前南非大主教,反对种族隔离的著名人士,获得 1984 年的诺贝尔和平奖。
② 美国哥伦比亚广播公司的一档知名的电视新闻杂志节目。

人改善生活。或者，参与者观看一部有关二十二个月大的乔尔·索南恩伯格被严重烧伤的专题片。当时，雷金纳德·多尔特试图冲撞一个认识的女人，却让他的卡车撞上了索南恩伯格家的轿车。乔尔经过四十五次手术才勉强活了下来。在事故发生多年后对多尔特进行庭审时，乔尔最后一个发言：

这是我为你做的祈祷，愿你明白恩典无限。我们不会将生命耗费在仇恨中，因为那只会带来痛苦。我们要让爱环绕我们的生活。

在观看了其中一段视频或对照组视频后，参与试验的美国白人大学生可以向联合黑人学院基金会捐款。这批白人学生中有一部分报告了较高水平的"社会支配取向"，这种态度简称 SDO，它预示着更多对黑人的偏见。然而，聆听埃米·比尔和乔尔·索南恩伯格的故事让参与者们向联合黑人学院基金会提供了更多的资金，其中包括具有强烈的社会支配取向态度的白人参与者。这表明在遇到人性中更善良的一面时所感到的敬畏可以对抗有害的部落倾向。

见证他人的勇气、善良、坚强与克服的行为，所激活的大脑区域与身体之美所激活的区域不同，前者是我们将情绪转化为伦理行为的皮层区域。这些遭遇会带来催产素的释放和交感神经的激活。我们经常会感觉到眼泪和鸡皮疙瘩，这是我们身体发出的信号，表明我们是某个群体的一部分，这个群体认可那些将我们团结在一起的东西。当被他人的奇迹感动时，我们体内的灵性会被唤醒，崇敬的行为往往便会随之而来。

崇敬

尤伊·莫拉莱斯小时候住在墨西哥的"鲜花之城"哈拉帕，她整日对外星人感到好奇，有时真希望他们能把她带走。当她的儿子两个月大的时候，她的伴侣得知自己在旧金山的祖父病得很重。他们担心厄尔尼爷爷见不到唯一的孙子，于是匆忙出发，只向尤伊的母亲道了别。

到了旧金山，尤伊被移民法禁止返回墨西哥。她孤孤单单的，只会讲几句英语，唯有勉力挣扎。照顾新生的婴儿让她筋疲力尽，她谁也不认识，终日以泪洗面。

于是她开始散步。

她带着婴儿车里的儿子一起漫步在旧金山的街道上。一天，她发现一座公共图书馆，便大着胆子走了进去。在这个安静的公共空间里，一位图书管理员改变了尤伊的生活，她让尤伊了解了书籍。惊人的事情发生了，尤伊学会了阅读英文，她开始描绘自己想象中的场景，这些将成为她自己的孩子们的读物，其中两本是关于她眼中拥有道德之美的人，分别是弗里达·卡罗①（Frida Kahlo）和塞萨尔·查韦斯②（Cesar Chavez），这两本书获得了国际奖项，包括最著名的考尔德科特奖章③（Caldecott Medal）。尤伊最新的作品《梦想家》（*Dreamers*）中，有一位不同寻常的英雄——图书管理员，他记录下各种各样道德之美的奇迹，并为那些借阅图书的人提供表达善良的机会。

当我与尤伊交谈时，她分享了一封感谢信。她把这封信寄给了为这个故事提供灵感的那位图书管理员，她的名字叫南希：

你好，南希！

你还记得我吗？我永远不会忘记你。是的，一开始我可能会害怕你这个桌子旁的守护者，当我靠近婴儿书籍的篮子时，我儿子总是被那个难以置信的地方吸引——西增区公共图书馆的儿童图书区。

起初我有些害怕你。如果我出了错，或是违反了图书馆的规定怎么办？你会让我们离开图书馆吗？可是有一天，你用我还听不太懂的英语和我讲话，转眼就给了凯利一张借书证。我被弄糊涂了，凯利才两岁，他能借什么书呢？

---

① 墨西哥女画家。
② 美国的墨西哥裔劳工运动者，联合农场工人联盟的领袖。
③ 为纪念十九世纪英国插画家伦道夫·考尔德科特（Randolf Caldecott）而创立于1937年的一个奖项。

今天,凯利已是一个二十四岁的读书爱好者,同时也热爱写作。在我创作那些充满创意的儿童读物时,他经常帮助检查并纠正我那仍不完美的英语。这些书就像你当年放在我手里的那几本书。南希,自从图书馆成了我的家,书籍便为我铺就了成长的道路,你是一个了不起的守护者。谢谢你!

尤伊的感谢信是我们欣赏道德之美的众多崇敬行为之一,在更大的层面上,它为生活的奇迹赋予了神圣的意义。日常的崇敬是潜移默化的,为了表达对他人的敬重,我们的言语中蕴含了更多的赞美、关切和委婉。像许多哺乳动物一样,我们会暂时缩小身体,微微低头或垂下肩膀,表示毕恭毕敬的尊重。只需轻轻地握住他人的手臂,我们就可以表达感激与赏识,激活催产素的释放和我们的触摸对象的交感神经。

我们将这些古老而简单的崇敬行为逐渐演变成文化习俗。我们创造了象征性的姿势,比如印度的合十印问候手势,双掌相合、低下头和身体,以表达尊重和共同的人性。我们还会触摸受到敬重的物品,以此作为对那些带给我们敬畏的奇迹的物理提醒,譬如故去的父亲的领带、背包旅行中带回的石头、订婚晚宴的菜单、最喜欢的节目的T恤衫。在许多狩猎采集文化中,人们随身携带已故家庭成员的骨骼和头骨,以铭记他们在生活中的地位。我仍然经常抚摸罗尔夫在我最后一次探访他的时候送给我的腕带,多少能从中感觉到他的存在。举例来说,以鞠躬和触摸表达日常崇敬的行为,在宗教仪式、葬礼仪式和受洗仪式中都可以看到。

我们在崇敬上的偏好是如此强烈,倾向于为那些令我们敬畏的事物赋予神圣的意义,以至于在看到别人表达感激之情时,我们自己也会被这份善良打动。在一项针对于此的研究中,参与者受命编辑一篇由作家撰写的电影评论。在开始各自的编辑工作之前,参与者首先查看一位过去编辑的工作。在一个对照组中,参与者看到作者以"谢谢"表达对编辑的感激。见到这种简单的崇敬行为,参与者就更愿意帮助这些由他们负责编辑的作者。别人的崇敬行为促使我们采取出自同样心理的行动。我们发现自己在这张崇敬之网中加入了其他人的行列。

由内而外的道德之美

如果幸运的话,我们的童年生活中会经常充盈着日常的道德之美。

但路易斯·斯科特的童年却没有这么幸运。六岁时,他看到父亲杀了一个人。他的母亲是一名性工作者,她的生意充斥着路易斯的童年时光,他说这比打少年棒球联赛或者玩东卡玩具车更为重要。路易斯迟早都会参与拉皮条,只是时间的问

题,而他后来的确干得不错,最终导致多项组织和教唆卖淫罪与229年刑期的监禁。下面是他向我分享的一个敬畏的故事:

> 我站在法官面前,被判处相当于无期徒刑的229年监禁。我忘不了当时心中的愤怒和沮丧,感到无比的委屈与羞愧。我觉得自己好像成了众人围观的对象。法庭上的每个人都是白人。我不知道是否有人会走出人群,企图朝我开枪。我记得当时的自己思绪万千,仿佛灵魂出窍一般。我站在旁边,看着自己在审判的量刑阶段与法官争辩,告诉法官判我229年徒刑不会有任何作用。我非常生气地对法官说,我做的所有事情在这个国家建立之初就已经存在了,而我觉得直到今天我还在为那套说辞付出代价。

作为体现道德之美的机构,诸如大学、博物馆、大教堂、法院、纪念碑和刑事司法系统,可以让那些享有优渥生活的人产生敬畏。对于那些被这些机构征服的人来说,他们的感觉往往更接近源自威胁的敬畏,还有身体上的反应,如发抖和冷战。

进入监狱之后,一个想法让路易斯发生了转变,一种他可以给高墙之内带来和平的方式,让外界认识到监狱里的人所具有的善意和勇气,让如此少见的善良在监狱中得以自我表达。深受感动的他为圣昆廷广播电台制作了多部获奖节目,讲述了帮派内部忠诚的幻觉和代价、丙型肝炎中的生与死,以及监狱里的艾滋病耻辱。在《圣昆廷新闻》上,他曾经采访来到圣昆廷监狱的金州勇士队①(Golden State Warriors)以及苏珊·萨兰登②(Susan Sarandon)、海伦·亨特③(Helen Hunt)和范·琼斯④(Van Jones)等人。他是唯一人选了职业记者协会的囚犯。

在我访问圣昆廷的第一天,路易斯是司法矫正项目的四位主持人之一。司法矫正以非暴力原则为基础,其核心是犯罪者认识到自己造成的伤害,为他们的行为承担责任,做出赔偿,并表示悔恨。它激进地、仪式化地践行了这样一种理念,即如果我们允许人们,甚至是那些处在激烈冲突中的人,有机会让善良自我表达,我们就能建立更和平的,而又通常很脆弱的关系。这是有着悠久历史的道德之美的一种文化记录,司法矫正始于甘地和马丁·路德·金,在更遥远的历史中可以追溯到世界各地的土著习俗,在我们的进化史中可以上溯至哺乳动物的和平偏好。它建立在道德之美的信念之上,所有人,包括谋杀者和失去亲人者,以及那些充满复仇思想的人,都能找到善良并克服伤痛。

司法矫正的一个重要的惯常做法是谈话圈,大家围坐一

---

① 位于旧金山的一支美职篮球队。
② 美国知名女演员,曾主演《末路狂花》等很多著名影片。
③ 美国女演员、导演,曾获得第 70 届奥斯卡金像奖最佳女主角奖。
④ 美国有线电视新闻网的一位黑人评论员,曾任奥巴马总统的环境政策顾问。

圈，轮流分享当天的感受，而其他人只是简单地倾听。在我做完有关敬畏的演讲后，我们分成十人一组，我所在的谈话圈碰巧是由路易斯领头。在轮流发言中，这些犯人谈到了以下几点：有人表达悔恨，有人讲述一位五十多岁的狱友死在医务室里，有人担忧即将出席假释委员会会议的儿子，还有人对量刑法律、学校直通监狱的司法运作机制、毒品合法化、警察暴行以及大规模监禁提出最新思考。这场对话听起来像是社会学研究生的讨论。路易斯为这些坦露提供了一条叙事线索，他采用的是一种字斟句酌的、完全符合语法的清醒措辞，就像某些人用来讲述创伤，并将交战双方团结起来的话语一样。

在最后一次访问圣昆廷时，我大部分时间都坐在一条长椅上，旁边坐着的白人囚犯名叫克里斯。他在加州奥兰治县的一个白人社区长大，陷入了本地光头党的街头生涯中。他们要求他执行任务，"将暴力意图强加于他人"，即有色人种。这导致他多次被捕，第三次因持械抢劫被定罪，关押在圣昆廷监狱。在那里，他加入了司法矫正项目。以下是他说的他正在学习的内容：

> 为了让某种东西生长，你要有一点泥土，
> 我的泥土，是为了让我自己成长。

克里斯留着一头长发，与里面的白人至上主义光头党界限

分明，而且他把脖子上的文身一个个都洗掉了。那天，他当着两百名身穿蓝色囚服的听众发言。他讲到了自己曾是一个纳粹光头党，用棒球棍袭击过有色人种。从长椅上，我可以看到他脸上羞愧的红晕。达尔文认为，脸红宣示了我们的道德之美，说明我们在意他人的观点。一百三十年后的研究发现，他人的脸红会令观察者宽恕与和解，这是一种瞬间便将犯罪者和受害者联结在一起的行为模式，发挥了作为司法矫正核心具有变革性的作用。克里斯的演讲结束时，囚犯们在座位上尴尬地陷入沉默。路易斯大步走上讲台，拥抱了克里斯。他明白克里斯需要多么大的勇气才能完成他所做的事情。

那天中间休息的时候，路易斯把我介绍给一个曾被单独关押的犯人。他远远地侧身站着，避免直接的目光接触。孤独的人可能不敢看着别人的脸，尤其是别人的眼睛。路易斯解释说，这个犯人参加过抗议单独囚禁的绝食抗议活动。他把小纸条塞进用来打扫监狱不同部位的扫帚柄上。这些纸条会传递到其他囚犯手中，然后再传给更多的犯人。这是一个巨大的、相互联系的抵抗网络。

路易斯向这个囚犯解释说，他曾为"阿什克尔诉加利福尼亚州州长"一案撰写了一份非当事人意见陈述，其灵感来自加州鹈鹕湾州立监狱发生的绝食抗议中的道德之美。该案中的阿什克尔是白人至上主义者托德·阿什克尔，他在加州北部的鹈鹕湾最高警戒监狱被单独关押了二十八年。单独囚禁中的阿什克尔每天在一间只有停车位大小的无窗牢房中独自度过二十三个小时。他看不到其他的犯人，在狱警用有机玻璃挡在他的牢房前面以后，他也听不到其他犯人的声音了，警卫"干涉"他家里寄来的邮件，不允许他拥抱探视者。我在意见陈述中认为，剥夺囚犯与外界的接触会给他们的身心造成严重伤害，也会破坏他们改过自新的机会，因为这种接触是我们表达崇敬的最有力的语言。在一项针对单独关押囚犯的研究中，70% 的人表现出即将崩溃的迹象，40% 的人出现幻觉，27% 的人有自杀念头。单独囚禁毁灭了日常的道德之美。一个囚犯的总结恰如其分："我宁愿被判死刑。"

在他的牢房里，阿什克尔开始利用通风孔向附近牢房里的墨西哥裔美国人和黑人帮派的领导人喊话，并侧耳倾听。他们的对话涉及了道德之美的故事，谈论父母和祖父母、父亲和叔叔、姐妹和兄弟以及孩子。孤独是多么艰难。阿什克尔和他的邻居们呼吁敌对帮派休战。2013 年 7 月 8 日，阿什克尔领导了绝食抗议活动，约有两万九千名囚犯参与了抗议单独关押的行动，其违反了禁止使用残酷和特殊惩罚的宪法第八修正案。这是美国历史上最大规模的绝食抗议活动。现在它成为一件大事。2015 年，此案以囚犯获胜的方式结案，全州两千多名囚犯被解除了单独囚禁。

当路易斯把我介绍给那位圣昆廷的囚犯时，我们发生了眼神的交流，这是一个 250 毫秒的识别动作。作为一个比我从事的任何研究或发表的任何演讲都要大得多的项目的一部分,我此时感觉身上突然涌起一阵鸡皮疙瘩。

当天结束时,身穿蓝色囚服的人们站在那里背诵司法矫正的原则。两百人站起身来,发出杂沓的脚步声和椅子的咯吱声,之后我们陷入了沉默,这是一个有力而安静的共同关注的时刻。然后我们一起背诵:

> 我相信暴力无法解决任何问题。
> 我相信每个人都拥有神圣的尊严。
> 我相信每个人都有能力改变、疗愈和复原。
> 我保证尊重每一个人的尊严。
> 我保证用爱与同情战胜暴力。
> 我保证陪伴和支持受到犯罪影响的任何人的疗愈之旅。
> 我保证担当矫正、和解与宽恕的工具。

听到最后一个词"宽恕",人们相互握手、挽起手臂、柔和地轻声笑着,并进行了眼神交流,作为让善良自我表达的结果。房间似乎明亮起来。站在小教堂后面,路易斯和我违反了规定,拥抱在一起。我们采取的是微微倾斜的姿势,符合男人们的习惯角度,一个人的肩膀贴近另一个人的胸口。

罗尔夫和我之间最后一次表达敬意就是通过这样的一个拥抱。在他去世前的几个星期,他一直躺在起居室的沙发上,时断时续地沉入深度睡眠，鸦片制剂让他的睡眠无休无止，似梦似幻。他在沙发上坐了起来，叫我、我的妻子莫莉和我们的女儿纳塔莉和塞拉菲娜过来靠近他。我们拉过椅子，围着他坐成半圆形。他送给我们每个人礼物，讲一些常常是幽默离奇的故事，有关我们的道德之美在他生活中的位置。我收到的礼物是一条红白蓝相间的腕带，让人想起我十三岁时每天戴着的同样颜色的发带，还有一把法式欧匹奈勒木柄折刀。我每天都摸一摸它的木柄，从这种触觉联系中生出的感觉让我想起罗尔夫的双手。

罗尔夫小心地慢慢费力站起来，身体因疼痛而倾斜。他拖着脚步走向厨房，我紧随其后，我的身体动作从我们共同生活的第一年起就和他同步了。我们在那里拥抱，虽然只有两三秒钟，但仿佛过了很久。当我们松开手，他看着地面说：

我们做到了。

除了这句话，我真的记不起我们在最后那天的谈话中都说了什么。没有对生活的总结，也没有长篇大论。我记住的是他的胸膛和肩膀朝我靠过来的感觉，他的头顶贴着我的太阳穴，他的大手放在我的肩胛骨上，以及随之而来的敬畏感受。今天，当我拥抱像路易斯这样的其他人时，还能感受到罗尔夫留给我的这种触觉印象。它让我想起罗尔夫的脸庞和眼睛。我几乎能听到他的笑声,以及他接起电话时的一句"达赫曼!"①这让我想起了他的勇气、善良、坚强与克服,作为一个五年级的学生,他如何保护我那个七年级的班里最不受欢迎的女孩免受八年级学生的霸凌。他多么喜欢为一大群朋友烧烤,他怎么能把垒球扔到天上直到它几乎无影无踪,或者作为一名言语治疗师的日常工作,他如何教导我们国家贫困和最被忽视的,其生活已被那些成功者甩在身后的儿童发出说话的声音。让善良自我表达。

我的默认自我有充足的理由认为,我再也不会感受到这样的拥抱,也不会再得到他的道德之美的行为鼓舞。但我的身体告诉我,在这种被触摸的感觉中,他并未远离。我们的共同生活仿佛被记录在我皮肤上数百万个细胞中的某种永久性的电化学意识中,那使得被我兄弟拥抱的这件事有了意义。当其他人离开时,我们身体的细胞中还存在着超越肉体的东西。还有这么多的道德之美,还有很多善良的事情要去做。

---

① 作者的名字"达契尔"与"达赫曼"的意思相近,是作者的弟弟给作者本人起的绰号。

第五章

集体欢腾

整齐划一的动作如何激发仪式、运动、舞蹈、宗教和公共生活的敬畏

> 一旦这些个体聚集在一起，他们的亲密就会生出某种强烈的感情，让他们很快达到异乎寻常的极度兴奋……可能是因为缺少了某种允许动作和谐一致的秩序，集体情绪就无法共同表达，所以这些手势和呼喊往往就会形成节奏与规律。
>
> ——埃米尔·涂尔干

大学毕业后，拉达·阿格拉沃尔（Radha Agrawal）作为一名投资银行家，在纽约城里努力打拼，喝着她并不渴望的鸡尾酒，聊着让她心不在焉的话题。在内华达州沙漠一年一度的"火人节"庆祝活动上，情况发生了变化。

就像历史上的其他节日一样，"火人节"将生活的奇迹与一次集体敬畏的体验结合在一起。金钱是不允许使用的，尽管参加庆典的人通常都很有钱。所以人们为了满足世俗的需要而付出，在分享食物、交换和感恩拥抱的过程中享受催产素和交

感神经被激活所带来的刺激。沙漠的日出日落每天都在欣赏者发出的哇与啊中开始和结束。音乐和舞蹈让人们一整天都处于协作、开放和好奇的状态。在这座弹出式的城市里,迷幻的沉浸式艺术装置令人惊叹。

拉达在舞蹈中发生了转变:

> 我睡不着,独自骑着自行车去了"深海滩",那是人们对场地尽头的称呼。我在那里发现了一辆巨大的艺术车,由巴士改装而成,拥有我听过的最震撼的音响系统,极致的低音仿佛深入我的骨髓,车顶经过改造变成DJ的宝座,有一百多人穿着非常性感的服装在跳舞。我把自行车扔在地上,在布满灰尘的舞池里找到一个地方,闭上眼睛,以一种我从未尝试过的方式感受音乐和低音的震撼在我的身体中流动。但我依然保持着冷静,让节拍以我身体的本来方式将我移动。这对我来说可能是第一次。

拉达想知道如何再现这种以其本来方式移动她的身体的体验,她后来在纽约市某个酒廊的地下室举办了一场舞会。门口的保镖换成了拥抱者,来宾喝的是小麦苗汁而不是酒。庆典在上午而不是晚上举行。然后,几百人舞动起来,体验着涂尔干的"集体欢腾",一起运动带来的极度兴奋。这个新的群体提出更多的需求,于是,拉达与她的丈夫伊莱及其大学里的朋友蒂姆一起创建了"晨间派对",现在每月为全球五十万人举办舞会,是一个受人尊敬的流行音乐舞蹈团体。

2020 年,我在旧金山的一间酒店首次见到拉达。晨间派对是奥普拉 2020 愿景巡演的开场活动。拉达走出酒店的电梯,朝着我旖旎走来,她身穿一件亮闪闪的银色上衣,仿佛是鸟的羽毛或鱼的鳞片,后来她告诉我这是她自己设计的。伊莱紧跟在后面,抱着他们的女儿索莱伊。他们已经一路表演了十场,看起来都有些疲惫。

我们跳上一辆黑色面包车,驱车前往旧金山的大通中心[①]。在路上,拉达告诉我,金融业的艰辛工作如何让她失去了深层的意义和群体归属感,同时她提到一些科学发现:今天的美国人野餐次数只有二十年前的一半,与三十年前相比,我们关怀圈里的亲密朋友减少了一位,35% 到 40% 的人报告说他们感到孤独。这种群体归属感的消解使我们大脑的社会排斥中心嗡嗡作响。这个部位在背侧前扣带皮层里面,它负责追踪孤独、排斥和孤立的感觉,启动我们的炎症反应,在孤独导致的焦虑不安中加热我们的身体。在二十一世纪的生活里,我们已经失去了集体敬畏的机会。

晨间派对活动以三位太鼓手[②]的激情表演开始。在伴舞者前面,拉达上台带领 1.45 万人进行有氧舞蹈,将我们的注意力

---

① 指旧金山的大通中心体育馆,它是美职篮金州勇士队的主场。
② 也译作"泰科鼓",一种日本的典型打击乐器,大小不同,形状类似啤酒桶。

引向类似脉轮①的概念：前额是理性的力量，胸部是善意的温暖，胃是直觉，性区域是激情。这种完全的躯体化一定会让威廉·詹姆斯露出满意的微笑，甚至也会扭起他的臀部。四名高中嘻哈艺术家跃上舞台，点燃了观众的激情。

我站在舞台一侧，望着场地中将近1.5万人在紫色灯光里舞动。想起过去发生的不快，就像《碰撞》②（Bump）当中的那些剧情，他们紧闭嘴唇，更加剧烈地扭动起如今已届中年的身体。一阵阵的笑声和掌声、紧握的双手和拥抱，在场地里的一排排人群中荡漾。

埃米尔·涂尔干在1912年的作品《宗教生活的基本形式》中提出，这种"整齐划一的动作"是宗教的灵魂。他从理论上进一步说明，我们在整齐划一的动作里获得极度兴奋的感受，培养了一种共同的意识，关于是什么将我们团结在一起。我们象征性地表现这一点，通常以超自然的和隐喻的思维方式，并将整齐划一的动作程式化，变成仪式和典礼，我们的自我意识也随之改变。大神宗教出现之前，人们在以其本来方式移动身体当中发现神性。

今天，一门有关同步性的新科学已经找到了方法和数学过程，来绘制人们在行动上与他人同步的模式，以揭示涂尔干的

---

① 指印度瑜伽的观念中分布于人体各部位的能量中枢，尤其是从尾骨到头顶排列于身体中轴者。

② 一部澳大利亚的电视剧。

论点是如何发挥作用的。我们很快就能与他人做出一致的动作。在此过程中，我们通过大脑中的移情过程来感受他人的感受，这一过程我们马上就会谈到。当发觉自己加入了集体的动作和感受，我们会援引符号、形象和观念来解释是什么将我们联系在一起——宏大的体验需要宏大的解读。举例来说，我们用某种精神上的原理来解释在狂欢节上跳舞的激情感受，或者通过我们这支团队特有的某种品质或精神来解释一场比赛中的十万球迷的欢呼声浪。当我们的默认自我让位于成为相互依存的集体的一部分的那种感觉时，我们感到敬畏。忘记了时间、目标，常常也忘掉了社交禁忌，从自我的负担中解脱出来，我们感到自己是更大事物的一部分，并趋向于敬畏的"圣徒倾向"。

在我们整齐划一地行动时，这种生活的奇迹几乎总能突然降临。在仪式、典礼、朝觐、婚礼、民间舞蹈和葬礼这些经过数千年文化演进打磨过的，更加显而易见的背景下。在政治抗议、体育庆典、音乐会和节日中更为自发的运动浪潮里。还有我们的平凡生活中那些更微妙的、难以察觉的方式中，例如，当我们只是出于一种生活节奏而与他人外出行走时。

敬畏的人浪

随着晨间派对的舞蹈展开，主持人埃利奥特指向场地的右侧，宣布现在到了做人浪的时候。他的声音激起了人们的浪潮般动作。就像远离岸边的海浪一样,这股人类手臂的浪潮开始缓慢上升,在场地四周弯曲的边界盘旋,获得了动能,进入最后冲刺,一个个人体形成一种上下起伏的运动,伴随兴高采烈的"呜"和"呜呼"的叫声。而且,如果你对所有这些欢腾感到猝不及防,你便会发出一声声"哇"。

如今,在足球比赛、政治集会、音乐会和毕业典礼上,都会有仪式性的人浪出现。它们一般按照顺时针方向,以每秒二十个座位的速度移动。它们发生在没有任何重要情况的时候,而在主旨演讲或罚点球时开始的人浪则会在犹疑的动作中很快消散。在一个十万人的体育场里,少至二十个人就能掀起人浪。只需少数几个人便可以搅动集体的敬畏。

在混乱的环境中也可能出现整齐划一的动作。科学家分析了一组重金属演出中的观众动作。这种演出的核心是台前的狂舞区域,一个身体冲撞的大旋涡。研究发现,这股身体的混乱涡流被一股缓慢而起伏的、拥挤的观众浪潮所包围,保护着浮在狂舞区域顶部的人群免于真正危险的坠落。狂舞区域恰是社会混乱的一个象征,它有着一种"允许动作和谐一致"的秩序。

我们很容易成为不同类型的人浪的一部分,这说明我们是多么醉心于整齐划一的动作。研究发现,四个月大的婴儿会模仿成人伸舌头和微笑,而大一点的孩子则效仿老师、父母、教练、嘻哈艺术家和体育明星的姿势和手势。作为成年人,我们也模仿他人的姿势和手部动作,他们的声调和语法偏好,他们的微笑、蹙额、脸红和皱眉,且往往是在无意之间。通过这种模仿,自我和他人之间的界限消失了,让我们感受到作为集体一部分的敬畏。诗人罗斯·盖伊(Ross Gay)在其精彩的《快乐之书》(*The Book of Delights*)中提到,人体的这种"渗透性"是多么惊人,"我们的身体就是他人的身体,这种现象是如此频繁,而且大多是悄然发生的"。

当我们的身体成为他人的身体时,我们的生物节律也就与他人同步。体育迷们一起观看比赛时,他们的心跳同步,他们的集体脉搏跟随着比赛中的痛苦和狂喜。西班牙圣佩德罗曼里克的村民也证明了这一点,他们晚上聚在一起观看走火仪式。作为集体欢腾的来源,庆典、音乐表演、体育、舞蹈、教堂里的仪式将我们的身体节奏转变为共同的生物节律,打破了自我和他人之间的最基本障碍,也就是皮肤构成的边界带给我们的物理隔离。

当我们的身体和生理机能与他人一致时,我们的感受也会一致。通过对情绪传染的研究,发现当个人以室友、邻居、情侣和同事的身份共享空间和日常生活时,他们的感受会变得彼此相似。默认自我假设我们的感受是独一无二的,而更可能的真相是,我们几乎总是有相同的感受。

通过整齐划一的动作和感受的趋同,意识发生了变化:我们从以自我为中心的观点,只通过我们自己的眼睛看世界,转变为对正在发生的事情的共同关注。心理学家迈克尔·托马塞洛（Michael Tomasello）在一项简洁而重要的工作中记录了童年时期同步的社交行为如何共同处理、指向、探索和完成任务，从而使这种共同关注的能力得以实现。在这种时刻，我们将不同的视角组合成一个共同的视角，你可以称之为共同认知、集体意识或扩展思维。

这是一个很早就发展起来的开端，说明我们作为成年人如何被现实的共同表征所吸引。例如，研究发现，在恐怖袭击等创伤性事件发生后，人们起初会表达各不相同的观点，例如害怕再次袭击或对无辜者被害感到愤怒。随着时间的推移，个人的情绪趋于一致，人们对所发生的事情形成了共同的、集体的理解。这种思想上的趋同促成善意、合作，以及作为群体的一部分的自我意识的转变。

当我们意识到自己的行为是一场运动、一个群体、一种文化的一部分时，这种整齐划一的动作过程、具有传染力的感受、共同关注、集体表现和超验的自我，会让我们从文化习俗中产生敬畏。这种感受可以在葬礼仪式中产生，我们对二十六种文化的研究发现它是具有人类普遍性的。在瑞典的一场葬礼上，哀悼者聚集在一起进行集体告别，得到一次敬畏的体验：

> 那是我最好的朋友的葬礼，我很难过。到了围绕棺木做最后道别的时候了，我把玫瑰放在棺材上，对我的朋友

说了几句关于她多年来为我做过的事情,此时我感到了敬畏。仪式结束后,我拥抱了朋友的女儿,然后向海边走去,因为那里可以让我平静。

毕业典礼的组织也围绕着共同的关注点和整齐划一的动作,以及极度兴奋的感受、集体表现,还有迎接新的身份。心理学家贝琳达·坎波斯(Belinda Campos)在她获颁博士学位的毕业典礼上体验了这种感觉,当时只有少数墨西哥裔美国人获得这样的荣誉,而对她来讲更是难得,因为她的父母不得不在五年级时就辍学去工作。坎波斯离开典礼时,一位墨西哥老奶奶告诉她,看到像她这样的人站在台上接受博士学位有着什么样的意义。以下是坎波斯的敬畏故事:

> 那个女人的话把我吓了一跳。做出了这么多的牺牲,无论是个人还是集体,才让我这样的人有可能在那天登上舞台。生活的束缚,还有牺牲,似乎突然延伸了几代,跨越了无数人……但一想到集体的斗争,试图崛起的人们,对一个更美好、更平等的世界的迫切需求,我就充满了恐惧般的惊叹,并提醒自己,任何人做的任何事都是更伟大的人类经验的一部分。

像毕业典礼这样的仪式将我们个体的自我定位于更大的叙

事当中,对于历史上进入主流社会的边缘人群来说,常常会造成敬畏和"恐惧般的惊叹"。

整齐划一的动作是根深蒂固的本能,集体欢腾的变革力量是广泛存在的。

行走

或许,最简单的整齐划一的动作就是与他人一同行走。我们从树栖生活到双足行走的转变铺就了敬畏之路。当我们开始直立行走时,对世界的看法就发生了变化,与广阔的前景和神秘的未来相遇。我们变成了一个漂泊的物种,根据太阳的周期和模式、天气、季节、动植物的生命周期以及其他哺乳动物的迁徙模式来调整我们迁移和定居的时间。我们保护自己免受捕食者侵害的方式从各自跳到树上,变成采取一致行动抵御危险。通过捕猎大型哺乳动物,以及农业的出现,食物共享开始兴起,并通过与季节和收获相关的程式化典礼得以实现。从五六万年前的第二次走出非洲大陆开始,我们最终形成可能只有十个到三十个人的较小群体走到了世界上的每一块大陆。

今天,在行走中,我们通常会趋向整齐划一的动作,就像我们在人潮中的行动一样有律可循且可以预测。请看看城市中的人流。研究发现,当人行道异常拥挤时,我们会随着人流穿过街道,在局促的空间和时间限制下以更高的效率穿行。有时，我们觉得自己只是城市机器中的一个齿轮，这样说可能会令人感到疏离；而其他时候，如果我们觉得自己是集体或文化时刻的一部分，它就会激发敬畏。

在一项有关整齐划一行走的研究里，参与者被带到了一个不同寻常的实验室。在位于新西兰的那个封闭的体育场里，五分钟的时间内，参与者或组成很大的群体，与一位实验人员同步行走在体育场内，或以各自的步态和节奏自由行走。那些同步走在一起的人，特别是充满激情地快速行走的人，在被要求散开时，他们还是会彼此紧紧挨在一起，并在随后的共同搬起洗衣机的任务中更为卖力。整齐划一的行走会带来善意与合作。

整齐划一的动作中的超验感受是仪式和典礼的核心。在一项研究中，参加庆典的爱尔兰人在圣帕特里克节游行后的叙述，以及参加佛浴节的河水净身仪式的印度教朝圣者，敬畏的体验都是筹划出的不同主题。参加庆典的人谈到自己作为比自己更大的某种事物的一部分，或者作为一个精神团体的一部分时，会被强烈的目的感打动。历史学家威廉·麦克尼尔（William McNeill）在《携手与时俱进：人类历史上的舞蹈与操练》一书中也提出了同样的观点，军队齐步行进，足球赛上的大学生乐队，抗议者的街头游行，这些整齐划一的动作都能激发我们是在服务于一个大于自我的目标的意识。

丽贝卡·索尔尼特（Rebecca Solnit）在她的行走文化史

《旅行的爱好》一书中详细描述了十七世纪发生在欧洲的行走革命，当时道路变得安全，户外对旅行、漫游和探险也更加开放了。欧洲向行走的开放催生了各种形式的集体行走，从饭后在城镇和城市广场上散步到与朋友漫步野外。按照索尔尼特的理论，这些各式各样的行走，不论是更集体性的，还是独自一人的，都产生了一种类似敬畏的意识，在这种意识里，我们将自我扩展到环境之中。通过行走，在我们的行动与同行的其他人的行动之间，在我们的思想与生活于他们那个时代的人类伙伴的思想之间，以及我们的思想内容与自然界的各种模式，比如在吹过树林的风与天空中移动的白云之间，我们会建立起联系。与其他人一同行走时，你可能会注意到，你的身体动作是维系人类社会的更大模式的一部分，诸如孩子们在清晨穿过街道、吃午饭的上班族从大楼里鱼贯而出、购物者在一天结束时穿过农贸市场、年轻人在街头打篮球……

行走与一种类似敬畏的意识形式紧密关联，基于这一观点，我和加州大学旧金山分校的神经学家维吉尼亚·斯特姆（Virginia Sturm）合作开发了一种敬畏训练，称为敬畏行走。我们只是对行走冥想、朝圣、远足、背包旅行和饭后散步中寻求敬畏的普遍传统进行了简单的命名。以下是我们的操作指南：

1. 挖掘你那孩子般的好奇心。孩子们几乎总是处于敬畏的状态，因为一切对他们来说都是那么新鲜。你在行走过程中，试着用新鲜的眼光接近你所看到的东西，想象你是第一次看到它。在每一次行走中花一点时间来感受事物的宏大，例如，欣赏全景或近距离观察树叶或花朵。

2. 尝试去新的地方。每周选择一个新的地点，在新奇的环境中，你更有可能感到敬畏，因为那里的景象和声音对你来说是出乎意料的和陌生的。也就是说，有些地方似乎永远不会变老，所以如果你发现它们总是让你充满敬畏，那么重游你最喜欢的地方就不会有错。关键是要分辨出同一个旧地方的新特征。

我们建议参与者定期进行敬畏行走，在树木或水体附近，在夜空下，或在他们可以看到日出或日落的地方。如果是在城市地区，则是大型建筑、历史纪念碑、他们从未去过的社区、体育场、博物馆或植物园附近。又或者，我们的结论是，他们也可以漫步在街头。

我们集合了两组参与者，年龄都在七十五岁以上。为什么是这个年龄呢？因为从五十五岁左右开始，直到七十五岁上下，人们会变得更加快乐。当年龄渐长，我们意识到，生活中最重要的不是金钱、地位、头衔或成功，而是社会关系。然而，在七十五岁时情况发生变化，我们越来越意识到自己的死亡，而且也会看到我们爱的人死去。七十五岁以后，幸福感下降，抑郁和焦虑情绪上升。这是对敬畏行走的影响力提出考验的一个重要年龄阶段。

在我们的研究中，被随机分配到对照组的参与者每周进行一次剧烈的行走，持续八周，没有人提到敬畏。在敬畏行走的一组，我们的老年参与者每周一次按照指示坚持短距离的敬畏之旅，其中所有参与者都报告了自己的快乐、焦虑和抑郁，并在行走时自拍。

有三个发现值得注意。首先，当我们的老年参与者进行常规的敬畏行走时，每过一周，他们都感受到更多的敬畏。你可能会以为，随着我们体验到更多对生活奇迹的敬畏，这些奇迹便会失去它们的力量。这被称为享乐适应法则，即如果消费者购买和饮用可口的啤酒或食用巧克力的机会不断增加，其中特定的满足感会随之减少。敬畏之心并非如此。我们越习惯于敬畏，它的感觉就越强烈。

其次，对于索尔尼特的自我扩展到环境中的观点，我们找到了证据。也就是说，与剧烈行走的对照组参与者相比，在敬畏行走的一组中，人们的自拍越来越少地包含自我，随着时间的推移，自我会飘向一边。他们会更多地拍摄外部环境，经过的街区、旧金山的街角、树木、日落、攀爬架上欢蹦乱跳的孩子。在下面的照片中，上面一排的两张来自我们对照组中的一位女士，她非常慷慨地分享了这些照片，左边是研究开始时拍下的，右边是外出行走时拍下的；下面一排两张照片来自我们敬畏行走组的另一位女士，我能从她的第二张照片中看到一个真心快乐的微笑。这些图像证据说明了自我的消失，以及意识到自己是更大事物的一部分。

最后，随着时间的推移，敬畏行走所产生的积极情绪使我们的老年参与者减少了焦虑和沮丧的感觉，并露出更快乐的微笑。

不苟言笑的丹麦哲学家瑟伦·凯尔克高（Søren Kierkegaard）以其关于焦虑和畏惧的作品而闻名，他在公共空间行走时发现了美好的宁静。行走给他带来"街头巷尾的接触机会"，让他认为"令人赞叹的是，生活中那些偶然的和微不足道的小事才有意义"。还有更多的日常敬畏。很有可能，在与他人同行的过程中意识到日常的道德之美。简·雅各布斯（Jane Jacobs）在《美国大城市的死与生》（*The Death and Life of Great American Cities*）一书中的论点也大同小异，即经常与邻居徒步接触可以减少犯罪，提高幸福感。从日常漫步中与他人同步，以及这样的行走可以带来的奇迹中，我们找到了群体。

球赛

> 我觉得我就是篮球界的阿甘。

当 2020 年的 NBA 赛季因新冠疫情而中止时，史蒂夫·克尔①（Steve Kerr）在电话中这样对我总结他的篮球生涯。他的

---

① 出生于黎巴嫩，现任金州勇士队主教练以及美国国家男篮主教练。

意思是，作为一个教授的孩子，身体干瘦、身高 6 英尺 3 英寸的他，其职业生涯中充满了奇迹。他曾与迈克尔·乔丹一起打球，为"禅师"菲尔·杰克逊（Phil Jackson）和传奇人物格雷格·波波维奇（Gregg Popovich）效力，现在执教金州勇士队。在他的指导下，勇士队获得了三次总冠军，取得了比赛历史上最令人钦佩的成绩。

我和史蒂夫通了电话，这要感谢尼克·尤伦（Nick U'Ren），他是勇士队篮球运营总监，还曾担任克尔的特别助理。听说了我们的敬畏科学，尼克不时邀请我去看一看勇士队的训练。在他们的冠军赛季中，还为我搞到了比赛门票。我在球场上看到 1.5 万名球迷同步舞蹈，被勇士队一轮又一轮的得分浪潮打动。有一天晚上喝啤酒的时候，我问尼克，球队的秘密是什么。经过一番思考，他的回答是运动。

为了解开这个运动之谜，我首先询问史蒂夫早年的敬畏体验。他很快回忆起小时候观看加州大学洛杉矶分校篮球队比赛的情景。他的父亲是那所大学里的政治学教授，手里有三张季票，成为史蒂夫兄弟两人的最爱。有时，让年轻的他们感到惊讶的是，母亲也喜欢去观看比赛，但她说不出比赛中到底谁赢谁输。在向我讲述 1973 年加州大学洛杉矶分校的一场比赛时，史蒂夫以历史学家的精准回忆了排名第一的主队如何对阵排名第二的马里兰大学。在约翰·伍登①（John Wooden）的指导下，加州大学洛杉矶分校队取得了八十八场连胜，被认为是体育史上最伟大的连胜。体育分析着实令人敬畏！那天晚上，加州大学洛杉矶分校队以领先一分获胜。

史蒂夫回忆起他在比赛中感受到的发自内心的敬畏。铜管乐队激情洋溢的乐声，啦啦队员整齐划一的动作引起成群球迷的一阵阵欢呼，加州大学洛杉矶分校的球员们惊人的身材与风度。学生和球迷们唱着校歌，合唱、击掌，随着比赛的节奏大声叫喊。在这种整齐划一的动作、集体的感觉和共同的关注中，史蒂夫看到金色的光芒闪耀在加州大学洛杉矶分校乐队的大号、小号和长号上。

我问史蒂夫有什么样的运动思想体系时，以为能听到一些篮球策略、新的体育分析或教练思想。相反，他却忆起了自己的祖父母埃尔莎和斯坦利·克尔，他们为生活在中东地区的、从亚美尼亚人的种族灭绝中幸存下来的儿童建造了一所孤儿院。当史蒂夫为篮球事业周游世界时，亚美尼亚人通过一波又一波的球迷人浪表达他们的感激之情。

对你讲这些给我带来一阵寒战……史蒂夫陷入了沉思。

他继续说，一百多年前，我的祖先和我所遇到的那些亚美

---

① 前美职篮运动员，后担任大学生篮球联赛加州大学洛杉矶分校队的主教练，获得了多届全国大学体育协会总冠军，并以球员和教练的身份同时入选奈史密斯篮球名人堂。

尼亚人的祖先是如何以那样一种改变了他们生活的方式发生了交集，想起这些真是太令人羞愧了。

史蒂夫·克尔的运动思想体系，即如何协调五个硕大敏捷的身体形成同步合作的模式，体现在过去打动了他的道德之美的形式中，以及有着不同文化和独特偏好的不同个体可以结合在一起产生美好事物的想法，还体现在比赛让人们在欣赏这种整齐划一的行动中团结起来。

运动和比赛，就像宗教一样，将我们日常中整齐划一的动作仪式化，并在参赛、观看、欢呼和庆祝或安慰的欢腾中把群体联结起来，同时体现了人类的能力、勇气和性格。历史研究发现，奥林匹克运动会始于公元前776年希腊的奥林匹亚，当时男女运动员定期进行赛跑，在这种游戏中确定谁跑得最快。有关这些赛事起源的神话认为，作为生育之神的五位兄弟决定举行一场赛跑，以纪念赫拉女神[①]。这种比赛将群体聚集在一起，带来了有趣的角逐和壮观的场面，随着时间的推移，又结合了葬礼仪式、赞美诗、祈祷、舞蹈和其他体育比赛的元素，演变成今天激发人们敬畏的奥运会。

在奥运会诞生之前一千年左右，中美洲的奥尔梅克人[②]、玛

[①] 古希腊神话中的第三代天后，同时也是婚姻与生育女神、奥林匹斯十二主神之一。

[②] 分布在现代墨西哥的韦拉克鲁斯州和塔瓦斯科州，年代约为公元前十二世纪初至前三世纪。他们所创造的奥尔梅克文化是中美洲古印第安文明萌芽阶段的文化，被称作印第安文明之母。

雅人和阿兹特克人在墨西哥、危地马拉、伯利兹和尼加拉瓜的各种球场上进行着最古老的球类比赛。在这种被称作"乌拉马利兹特利"的比赛当天,祭司们会通过祈祷、唱歌、诵经和仪式为场地祝圣。比赛当中,来自相邻村庄的 2~3 名选手组成的球队努力用臀部和肘部推动一个球穿过狭窄场地上的一个个圆环,场地周边围绕着纳瓦①勇士、猴神和羽蛇神克查尔科特尔②(Quetzalcoatl)的画像。比赛结束时,村民们聚在一起跳舞、奏乐、唱歌、欢笑和狂欢。让整齐划一的动作得到仪式化的文化形态将生活中的许多奇迹编织在一起。

这种运动很重要。成群的鸟、鱼和角马采取整齐划一的动作,可以更好地对抗捕食者。对于人类来说同样如此。板球队的队友之间,如果他们的笑声和快乐能在彼此之间传播,在接下来的几局比赛中就能打得更好。在一项研究中,对于预测队友们在板球、足球、棒球比赛和流行的电子游戏中取得胜利的可能性,胜利的共同感受超越了球员的技能。除了体育运动,当弦乐四重奏中的音乐家们更加整齐划一地摆动身体时,他们的演出质量也会更高。

当史蒂夫·克尔的勇士队凭借之前罕见的几轮得分潮赢得

---

① 纳瓦人指生活在墨西哥中部的一支中美洲印第安人。
② 指中美印第安神话中的羽蛇神,名字是大咬鹃(Quetzal)与蛇(Coatl)的组合,形象是一条浑身长满绿色羽毛的蛇。阿兹特克神话中的四柱神之一,象征西方。

了比赛，专家们给出了解释。这是某种传球或假动作的结果，那是史蒂夫信手拈来的，比如爱荷华州立大学旋风篮球队的"旋风表演"，就像喜剧演员在路上随便学了个笑话一样。当我提到这些可能性时，克尔笑了。

> 篮球和音乐一样……在一个乐队里，不需要五个鼓手或吉他手……问题在于怎么让五个乐手都能合得来。

这是我们的过度社会化进化的一个更深层的原则：成功的群体采取整齐划一的动作，将不同的人才整合为一个平稳运行的、同步的整体。切叶蚁是地球上最成功的物种之一，它将不同成员的各种技能作为一个协调的整体使用，有切叶工、搬运工、建筑工，所有人都在切叶、运输、建造家园、照料蚁后。进化过程有利于那些以其本来方式移动身体的物种。当融入了这种与他人协调行动的模式之中，我们的敬畏感便会向我们发出信号。

我问史蒂夫集体行动的秘诀是什么。他告诉我，是球迷。当我们发挥出最佳状态时，他们就高兴。他们站起身来，欢呼、起舞。

的确，观看心爱的球队会给我们带来敬畏。在涂尔干的启发下，一位社会学家让她自己沉浸在匹兹堡钢人队[①]球迷的生

[①] 职业橄榄球大联盟的一支球队，位于宾夕法尼亚州的匹兹堡市。

活里。在周日的比赛中，球迷们迈着整齐划一的步伐走向体育场和停车场，享受通常包括啤酒和烧烤的赛前仪式。集体感受令人欢欣鼓舞，体现为拥抱、哭泣、大声叫喊、高举双臂，而有些人还表现出献身行为，肉体献祭的"圣徒倾向"：

> 我前面有一个表情严肃的男人，年龄大概在三十岁。他开始脱掉一件件衣服，最后把脱下来的衬衫举过头顶，站在华氏15度上下的低温里，光着上身欢呼尖叫。当钢人队终于赢得了这第二场明星赛，他身旁的男子也脱下了自己的一层层外套和衬衫，两人紧握双手高声喊叫。

钢人队的球迷将注意力集中在代表他们共同身份的神圣物品上：钢人队主题的球衣、外套、草坪椅，以及比赛期间的"可怕毛巾"[①]，七万名球迷齐刷刷地挥舞这条黑金两色的毛巾，观看精彩的比赛。忠实的"粉丝"把自己形容为"大家庭"和"钢人一族"——默认的自我让位于某些更重要的东西。

当我们的谈话临近结束时，克尔想起了从前的队友迈克尔·乔丹。他回忆起乔丹是如何提醒队友的："看台上有年轻的球迷，坐在那里或许只是为了他们这唯一一场美职篮比赛，他们就是来看我们打球的。"

[①] 1975年的季后赛期间，前钢人电台播音员迈伦·科普（Myron Cope）的一个创意，在钢人队战胜达拉斯牛仔队赢得第十届超级碗的比赛中发挥了神奇的作用。

当我问史蒂夫,体育生涯对他意味着什么,他用这句话结束了我们的通话:

给人们带来快乐是一项公民义务。

随着音乐起舞

当欧洲殖民者第一次来到非洲时,所遇到的那些人的舞蹈不仅令他们感到敬畏,而且常常还包含恐惧。这种舞蹈无处不在,其中洋溢的激情和力量让那些寻求财富和"拯救灵魂"的西方人紧张不安。在非洲,社群通过跳舞表达对分娩、青春期、婚礼和死亡的重视,让人们对生命周期形成共同的理解。在即将打仗或外出狩猎时,各个群体以威武的声音唱起令人振奋的歌曲,并跳起赋予力量的舞蹈,之后的庆典舞蹈是分享食物的前奏。甚至不同类型的劳作也蕴含在表现农业生产的舞蹈中。

在非洲和世界各地的许多土著文化中,舞蹈曾经是,现在仍然是一种身体上的、象征性的敬畏语言。舞蹈象征着面对上帝的体验。特定的舞蹈讲述了关于男女神灵的传说,生命的起源与来世,善恶之间的斗争。人们以跳舞表达对雷鸣、闪电、暴雨和狂风的敬畏,这一传统显然可以追溯到一个古老的前身——那只黑猩猩跳的瀑布舞。

舞蹈象征了我们的社会生活主题，包括生活的各种奇迹，这个想法今天看来可能很陌生。这是因为在西方，欧洲社会的宗教势力和上层阶级使舞蹈脱离了人们的社会生活。他们这样做是为了约束和驯服舞蹈的象征力量，担心它对激情、自由和欲望的表达，以及经常引发的针对统治阶级的抗议浪潮。今天，像拉达·阿格拉沃尔这样的舞蹈改革者正在找回这种生活奇迹，使我们能够以其本来的方式移动我们的身体。

舞蹈何以能让我们表达敬畏呢？在《舞论》（Natyashastra）中可以为这个问题找出一个复杂的答案。这部已有两千三百年历史的文本，据说是由印度教圣人婆罗多·牟尼（Bharata Muni）于公元前二世纪所写。《舞论》详细介绍了我们如何在舞蹈中移动脚、手、手指、手臂、躯干、头部、面部肌肉、膝盖和臀部，以表达"拉萨斯"（rasas），也就是情绪，其表述的精准程度堪比宜家组合置物架的安装手册。

以这种方式，《舞论》详细地说明，我们在舞蹈中以蹲伏不动的身体，紧握的双手和双臂，紧绷的嘴和下巴，以及凝视的眼神表达愤怒和暴怒，就像乌普带领囚犯们跳的哈卡舞。

对于爱，《舞论》建议我们放松身体，歪着头，张开双臂和双手，微笑，模仿心爱之人的凝视。想想吉恩·凯利[①]（Gene Kelly）在其标志性影片《雨中曲》里的舞蹈。

---

① 爱尔兰裔美国演员，由他自导自演的《雨中曲》是其最成功的电影作品之一。

至于敬畏，我们要睁开眼睛，张大嘴巴，向上看，打开双臂、肩膀、前胸和双手，这正是我们在世界各地不同文化中发现的表达敬畏的动作。今天，当五旬节派基督徒^①被圣灵感动，或者狂欢者在纵情欢乐时，人们可以看到这种充满敬畏的舞蹈。

舞蹈以敬畏的方式改变我们。在一项来自巴西的研究中，高中生进行类似舞蹈的动作，要么和别人同步跟着节拍器的节奏，要么不与旁边的其他人同步。那些与其他人一同"跳舞"的人，尤其是在做出更有力的动作时，会感觉到更多的相互联系。他们还可以忍受更多的疼痛，这是天然的阿片类药物成分增多的迹象，伴随着融入的感觉。即使只有十二个月大的婴儿，如果与实验员一起以同步的节奏蹦跳，也会帮助实验者捡起掉落的钢笔。

在数千年的演变过程中，舞蹈与体育、音乐、美术和宗教一样，成为记录敬畏的一种方式。在舞蹈中，我们用一种象征性的语言赞赏生活的精彩，以及恐怖。在一项有关研究中，某位受过印度教传统的正规训练的舞蹈演员制作了 4~10 秒的视频，录下了她以《舞论》为灵感的十种情绪的表演。西欧人可

---

① 五旬节是纪念耶稣事迹的基督教传统节日，起源于美国，虽然历史并不悠久，但传播迅速，信徒在世界各国都广泛存在，他们的一些仪式做法，也对英语产生了影响。在聚会场合，其信徒经常自由活动，高声唱歌、祈祷，甚至跳舞、四处奔跑。

以毫不费力地分辨出这些简短表演所表达的不同情绪,包括惊叹的情绪。当我们通过舞蹈展开整齐划一的动作时,我们是在就崇高的事物与他人进行交流。

《舞论》进一步告诉我们,在观看舞蹈中的拉萨斯表情时,我们作为观众感受到了被称为"巴瓦斯"(bhavas)的审美情绪。这些审美情绪不同于我们在世俗生活中的情绪,我们在想象的王国中感受到了巴瓦斯,我们在那里暂且愉快地摆脱了日常生活中的忧虑。

这是如何发生的呢?目前的看法认为,当我们看到别人跳舞时,会本能地开始模仿他们的动作,这可以从你轻叩的双脚或摇摆的身体中感觉到。然后,这些身体动作会引导我们躯体化的思维方式,唤醒那些与舞蹈所表现的动作相关的概念、形象或记忆。例如,舞者对敬畏的描绘可能会让你前所未有地微微打开身体,将视线向上移动。你可能会回忆过去遇到的生活奇迹,或者想象你可能喜欢的奇迹。值得关注的是,所有这一切都发生在想象的范畴里,我们可以在其中自由地思考哪些是可能的。

在一起跳舞时,我们分享移动身体的乐趣。我们在观看别人跳舞的过程中体会到了想象力的飞升。这些都会带来我们作为集体欢腾所体验的身体和思想的渗透性混合。难怪舞蹈具有如此强烈的感染力,而且和体育运动中的集体欢腾一样,往往更接近于精神世界。

第六章

野性敬畏

自然如何与精神相关，
并疗愈身体和思想

无论是科学家或普通人，生活在地球的美丽与神秘中的人，永远不会孤独，也不会厌倦生活。

——蕾切尔·卡森

我与我的合作者珍妮弗·斯特拉尔和尼哈·约翰·亨德森都有一种直觉，在我们这个兴奋与压力都超出限度的时代，敬畏可以充当一种解药。我们怀疑敬畏能减少我们免疫系统产生的炎症，特别是应对长期威胁、排斥和孤独造成的炎症。为什么会这样呢？因为在许多方面，敬畏是导致这种促炎细胞因子释放的社会威胁的对立面。

促炎细胞因子在全身的免疫细胞中释放，目的是杀死入侵的细菌和病毒。短期内，细胞因子会加热你的身体来杀死病原体，让你感到倦怠、茫然、疼痛和迷惘，因为身体要调动资源来抵御攻击并恢复健康。然而，问题在于，人类的头脑将社会威胁也视作入侵的病原体。研究发现，社会排斥、羞耻、遭受偏见、长期的压力和孤独感，以及对所爱之人的威胁，都会提升体内的细胞因子水平。

相比之下，敬畏能够增强我们作为团体一分子的意识，让我们得到被他人接纳和支持的感觉。感受到敬畏的我们，会将生活的压力置于更大的背景中。我们想弄清楚，或许日常的敬畏与较低的炎症水平相关。

为了验证这一假设，我们收集了作为生物标志物的白细胞间介素 6，或简称 IL 6 所评估的各项炎症指标。参与者还通过七分制（1= 不正确，7= 非常正确）回答以下问题，报告了他们的日常敬畏情况：

> 我经常对周围的事物感到好奇。
> 我经常对外界感到敬畏。

我们还衡量了感受骄傲和愉悦等积极情绪的倾向。在这项研究中，只有敬畏预示着较低的炎症水平。因此，日常敬畏可以作为一种途径，避免慢性炎症以及和此类炎症相关的二十一世纪病，包括抑郁、长期焦虑、心脏病、自体免疫问题和绝望。这一发现吸引了一个大块头的注意，他也非常了解精神创伤带来的炎症。

斯泰西·贝尔身高六英尺八英寸，长着一把大胡子和一个大脑袋，撑起一顶最大号的毛线帽子，他的嗓音就像能让树木一起颤动的驼鹿叫声。当想起自己在伊拉克和阿富汗的服役经历时，他的目光转向一边，嘴唇收紧，这些因痛苦而哭泣的迹象，或许是为了并肩作战的兄弟或无辜倒毙路旁的伊拉克人。当谈到应该为老兵做更多的事情而不只是用药物鸡尾酒麻痹他们的头脑时，或是回忆起一位刚刚自杀的老兵朋友时，他的话语和韵律缓慢下来，打动他的那种信念是对人类的苦难有了切身的体会时才会有的。

在南达科他州的童年时代，祖父母在"二战"期间服役于美国海军的故事激励了斯泰西。他十九岁时试图加入海军，但遭到拒绝，因为他个子太高。取而代之，他参加了陆军，到伊拉克和阿富汗服役。在这些战斗中，他患上了慢性炎症，但是并不妨碍他找到敬畏：

> 在伊拉克的那一年里，我几乎一直处于从低级到高级的种种恐惧状态。我被强迫投入一项恐怖的决策，每天置身于一场糟糕的战争。我失去了朋友，目睹伊拉克人被打死，忍受着爆炸、步枪射击、炮火迫击，还有那种每个月都会让我拉在裤子里一次的伙食。大部分时间里，我都在一连串不断变化的长官手下工作，他们每个人都想以自己的方式"有所作为"。
>
> 情况发生了巨大的变化。
>
> 我转过身来，看到一堵颤动的橙色的巨大墙壁沿着道

路冲了过来，抹掉了道路上的一切。不到一秒钟，道路两旁的建筑物和汽车就都不见了。我边跑边笑，冲进路边的一个混凝土结构的小掩体。我背对着风，但身边的掩体里都是雾蒙蒙的细沙，钻进我的嘴巴与喉咙里，但我无法止住笑容。

世界如此之大，而我只是其中一个小小的斑点。在我努力呼吸的那一刻，我对生活的挑战、关切和担忧都在瞬间被抹去了。那是一种格外自由的感觉，没有了它，那一年便只剩下令人难以置信的闭塞感。在它把一切完全消灭的过程中，我也发现这场沙尘暴非常美丽。

即使在沙尘暴肆虐过后，橙色的天空仍持续了一段时间。那一年，我在伊拉克看到了更多橙色的天空，但当风暴从我身边掠过时，我从未被困在其中。我记得我当时在想，我们可以在这个星球上做任何我们想做的事，但世界总是会赢，所以我们不妨在这里为所有人创造同样多的快乐，真正的快乐。

很多时候，宏大的环境限制着我们，比如被判终身监禁或即将死亡的人，或种族主义的移民法，或者战斗，客观环境似乎"总是获胜"。但是，认识到这种命运的宏大，我们是"如此之大"中的"一个小小的斑点"，我们可以找到一种"自由的感觉"，甚至是一种为所有人建立"真正的快乐"的冲动。

在最艰难的环境中，我们常常会体验到具有变革力量的敬畏。

回到美国后，斯泰西陷入了过度兴奋的深渊。他在海外轮值中失去了好朋友，他不在国内的时候，女朋友和他分手了。死者的形象侵入了他的脑海，一个年轻女孩被美军子弹击中身亡，一只狗在垃圾堆里吃一个肿胀的死人的脖子。大约五分之一的海湾战争老兵陷入严重的抑郁症，像斯泰西这样的年轻退伍军人是美国自杀率最高的群体之一，大约四分之一的退伍军人经常酗酒。斯泰西求助于烈性酒、可卡因和安非他明，还有烦躁不安、难以控制的聚会。一个自杀的声音在他的脑海中不断响起。

当他盘旋堕落时，一位朋友坚持要在斯泰西打爆自己的脑袋之前，和他一起去攀爬科罗拉多州博尔德附近的熨斗峰，一字排开的五块巨大的垂直砂岩，巍峨高耸达七千英尺以上。斯泰西曾几十次从高高的垂直墙壁上攀爬而下，然而这一天，他却被困在了一堵岩墙上，俯视数百英尺的脚下，他僵住了，不住地颤抖，抽泣。他从军的意义何在？为了一份从军的经历吗？为了在他眼前死去的那些人的生命吗？为了他的生命吗？他脑海中浮现出一句话。

为了走出去。

奇特的同情

你今天享受的每一次敬畏体验都将你和过去联系起来,与他人对崇高感的体验联系起来,还与他们如何在不断演变的、保存了生活奇迹的文化形态中理解这些体验联系起来。斯泰西·贝尔这种对野性的敬畏体验可以追溯到让－雅克·卢梭经历过的顿悟。

1749年,卢梭去拜访他的朋友,正在巴黎郊区的一所监狱服刑的哲学家德尼·狄德罗①(Denis Diderot)。途中,当他走过连绵起伏的山丘时,卢梭反复琢磨这样一个问题:"科学和艺术的进步是败坏了道德还是改善了道德呢?"当下,我们可能会问:"全球化和资本主义是提升了我们的生活品质,还是为我们的灭亡铺平了道路呢?"

对这个问题的思考将卢梭击倒在地。在恍惚的状态下,他看到了一千盏灯的光亮,情不自禁地抽泣起来。这场顿悟令他震撼,启蒙时代所大肆宣扬的,科学、工业化、正规教育和市场不断扩大的前景,就是一个谎言,它正在摧毁人类的灵魂。它伴随着奴隶制和殖民制度,也是经济不平等的原因及其合理化解释。它摧毁了欧洲的森林,污染了天空,让街道充满了污秽。它扼杀了情绪的智慧。

---

① 与卢梭同时代的法国启蒙思想家、哲学家、戏剧家、作家,百科全书派的代表人物。

卢梭的顿悟是，我们在自然状态中被赋予了激情。作为我们的道德指引，这种激情引领我们走向真理、平等、正义，并减轻我们的痛苦。我们从音乐、艺术，尤其是从自然当中感受到这种直觉，它就像教会和正规教育那种机构，使我们脱离了更贵族化的倾向。在巴黎郊外山区的户外体验中，浪漫主义诞生了。

在浪漫主义哲学中，生活的目的是将自己从文明的束缚中解放出来，在自由和探索中找到自己。激情、直觉、直接感知和经验都优先于还原论的理性。生活就是寻求敬畏，或者浪漫主义者所说的崇高。音乐是一个神圣的领域。自然过程——雷电、风暴、刮风、大山、云朵、天空、动植物的生命周期——都具有精神意义，最重要的是，我们从中发现了崇高。卢梭敦促欧洲人参加户外活动。

浪漫主义精神给玛丽·雪莱带来灵感，让她在阿尔卑斯山的一次狂风暴雨的假期中创作了《弗兰肯斯坦》(*Frankenstein*)，它激发了我母亲在萨克拉门托加州州立大学的英语课程中讲过的那些柯尔律治、珀西·比希·雪莱[①]（Percy Bysshe Shelley）和华兹华斯的诗歌。这种精神还催生了一门全新的科学，在图像、隐喻、美术和统一思想中寻求真理，以及必要的以还原论

---

① 即英国最著名的浪漫主义诗人雪莱，也就是玛丽·雪莱的丈夫。

方法将现象分解成若干部分。它带来了詹姆斯·库克[①]（James Cook）、亚历山大·冯·洪堡[②]（Alexander von Humboldt）和达尔文的具有历史意义的航行，以及他们对自然世界的诗意描绘。浪漫主义改变了一度以恐怖和迷信视之的我们与自然界的关系。

拉尔夫·沃尔多·爱默生被这种浪漫主义精神打动。他二十二岁时因妻子埃伦去世而悲痛万分，于是前往欧洲，到了巴黎。1833年7月，爱默生在巴黎植物园体验了一次顿悟。

2018年，我觉得有必要参观一下巴黎植物园。我走进了它的古生物学和比较解剖学画廊，其大小相当于一所小型学院的篮球馆，内部看起来可能像印象派画家克劳德·莫奈画笔下的一座火车站。铸铁框架环绕着一个从外界采光的米色半透明天花板。游客进来后，迎面是一尊1758年的赤膊男性雕塑，浑身紧绷的红色肌肉，站在一个由上百副骨架组成的队伍前面，后面是所有你能想象到的物种，从大猩猩到独角鲸，再到鬣狗和黑猩猩，好似亡灵节游行的一次比较解剖学的敬畏行走。那个雕像的头和眼睛向上指向遥远的地平线，也许是天空，嘴巴

[①] 即著名的库克船长，他是英国皇家海军军官、航海家、探险家和制图师，曾经三度奉命远航太平洋，是首批登陆澳洲东岸和夏威夷群岛的欧洲人，也创下欧洲船只首次环绕新西兰航行的纪录。

[②] 德国著名的自然科学家、自然地理学家，近代气候学、植物地理学、地球物理学的创始人之一；涉猎科目很广，特别是生物学与地质学，在对美洲的地理考察中做出了巨大贡献。

张开，眼中充满活力。他就是敬畏的本体。

在这场骷髅游行的外围，我看到了装有猪、狗、大象和人类大脑的罐子。其中一个装着一只漂浮在蓝色液体中的白色小猫，冻得好像是从遥远的太空坠落到地面上的。橱柜中陈列着各种动物的二等分生纸浆雕塑。有一个区域的罐子里是基因异常的标本——一条无头的小狗，一只双头猪，在下颚处接合的人类连体胎儿。来参观的孩子们不同寻常地紧紧挨着父母，身体贴近，嘴巴大张。父母支支吾吾地解释着。

这是比较解剖学领域的先驱。这尊雕塑来自1758年，曾在法兰西美术学院的绘画课上使用过。

对爱默生来说，在巴黎植物园遇见的这些自然的丰饶、井然有序的动植物，激起了他的强烈敬畏：

> 在这里，大自然取之不尽的富饶给我们留下深刻的印象。当你浏览这一系列令人困惑的、栩栩如生的样貌时，宇宙是一个比以往任何时候都更令人惊奇的谜团……不是一种如此怪诞、野蛮和美丽的形态，而是作为人类这一观察者的固有特性的表达，如同蝎子和人类之间的那种不可

思议的关系。我感觉到了爬在我身上的蜈蚣——鳄鱼、鲤鱼、鹰和狐狸。我被奇特的同情所感动。我不停地说:"我将成为一个博物学家。"

在爱默生被"奇特的同情"打动的过程中,我们发现了敬畏的模式——宏大("取之不尽")、神秘("宇宙是一个……更令人惊奇的谜团")以及自我与其他有情众生之间的界限消解("不可思议的关系""我感觉到了爬在我身上的蜈蚣")。在各种各样的物种里,甚至是低等的蜈蚣,都存在着那种将我们团结在一起的凭直觉就可以感知到的生命力。爱默生的顿悟是当时可以领悟到的一个重要观念:从不同物种的骨骼、器官、肌肉和组织到我们心目中的美感和设计,所有生命系统都是由自然选择形塑的。他感受到了达尔文所谓的"数不尽的最美丽的形态"背后的一种神圣的几何结构,并在那一天决心做一个博物学家,在对野性的敬畏中找到自己的精神生活。

对野性敬畏的需要

1984 年,哈佛大学生物学家 E. O. 威尔逊(E. O. Wilson)将爱默生在比较解剖学画廊中感受到的"奇特的同情"称为亲生物性,即对生命和生命系统的热爱。这种天性包含了我们关乎自然的丰富情感。其中得到最广泛研究的是美感,就是我们在观看熟悉和令人愉悦的风景时体会到的那种感觉，比如起伏的山峦、树木、溪流或其他水源、繁茂的动植物和高海拔的地方。这种美感向我们的大脑发出了某个地点资源丰富（或稀缺）和安全的信号，并引导我们和那些在进化的背景中与我们采取整齐划一动作的人，在我们称为家园的地方安营扎寨。

从观察树叶的颜色变化到月亮的相位，我们几乎在任何一种自然环境中都能体验到热爱生命的天性。还有更多的日常敬畏，仅举几例。我们对云朵、海洋、浪花、树木和鸟类感到的敬畏形成一些紧密的群体。还有花园，如果你在花园里看到花朵，看到它们以五彩斑斓的色彩和馥郁的芬芳传播花粉时，你的感官会为之陶醉，敬畏之情涌上心头，也更愿意与人分享这份美好。花园中的香气，罗勒、迷迭香、山茶花、桃子和松树等，将神经化学信号从你的嗅觉系统通过大脑中与情绪和记忆相关的区域发送到额叶，包括眼窝前额皮质，在那里，我们的道德行为很容易受到情绪的驱动。花园里的香味引领我们踏上一段敬畏的旅程，常常让我们回忆起从前那些香气浓郁的时刻。这些气味向我们传达了什么是纯净的、孕育生命的、有益的、善良的。

我们对野性敬畏具有生物学上的需求，与我们对富含蛋白质的食物、体温调节、睡眠、氧气和水的需求是一样的。我们该如何证明这一点呢？

或者它在更大程度上是社会性需求，比如被爱、被关心、被感动、被赞扬和被尊重。

基本的、逐步进化的需求在我们的发展过程中真实地展现出来，得到特定的神经生理过程的支持，如果它们得不到满足，就会导致健康状况不佳和社会功能障碍。在这一框架内，我们对归属感的生理需求是明确的，它在一个儿童的生命早期便确凿地出现，由多巴胺、催产素等神经化学物质的广泛网络和交感神经等身体区域支持，如果没有得到满足，比如单独监禁的囚犯或"内战"的孤儿，会导致最严重的功能障碍，包括大脑发育受阻、慢性疾病、抑郁症和夭折。

我们对野性的敬畏是否存在一种生理需要？让我们从发育问题开始。如果有机会，孩子们可以从户外探险中发现很多敬畏，倾倒液体并装满一桶桶沙子，收集虫子、树枝和树叶，爬树和挖洞，泼水，以及对雨和云的好奇。在进化过程中，我们经历了非常漫长的童年，这使得我们能够进行必要的探索和玩耍，了解自然和社会环境。儿童的大脑不受前额叶皮层和自我的控制，与成人的大脑相比，儿童大脑在神经元之间形成了更多的突触连接，且更容易适应新颖的解释和发现。孩子与自然界充满敬畏的关系是深入学习生命系统的实验室，这对我们的生存至关重要。

就野性敬畏的神经生理学而言，大自然的景象、声音、气味和味道会触发与敬畏相关的交感神经反应，并降低与战斗或逃跑相关的心血管反应、血压、皮质醇和炎症。这里仅举几个实证例子，说明我们的身体在户外的大自然中如何像一根天线。水的声音激活交感神经；自然界中的某些气味可以缓解我们与压力相关的生理机能；许多植物会释放植物素，它是一种能降低血压和增强免疫功能的化合物；接触自然界的图像会导致大脑中多巴胺网络活跃起来，进而你会回忆、探索和好奇。

与任何生理需要一样，当我们对野性敬畏的需求得到满足时，就会过得更好，如果没有得到满足，我们的身心就会受到伤害。为了检验这一论点，对照研究让人们要么在自然环境中散步，要么观看令人敬畏的大自然的图片或视频，也可以看一看住在绿意盎然地区的人们生活得怎样。韩国和日本的科学家研究了森林沐浴的效果，引领人们在森林中获得沉浸式的敬畏体验，例如散步、呼吸香气、以双手体会皮肤接触树叶和树皮的感觉，用片刻时间思考一棵树和它那奇异的结构。当我们满足了对野性敬畏的需求，我们的心灵就会获得收益，我们就能够更好地集中精力，更灵活地应对压力，在各种不同类型的认知测试中也能拥有更好的表现。

弗兰西丝·郭（Frances Kuo）是野性敬畏科学的先驱之一，她让一些被诊断为注意力缺陷/多动障碍的儿童在绿色公园、安静社区或芝加哥的闹市中行走，走的距离和消耗的体力相当。结果显示，只有在公园中行走以后，孩子们的注意力集中度得分才更高。在自然界的户外活动增强了我们的注意力，这被威廉·詹姆斯称为"判断、性格和意志之根本"的要素，同时也增强了我们分辨紧急和非紧急的事情，以及如何将我们每日的忙碌时刻融入更广泛叙事中的能力。在大众更容易进入美丽绿地的地理区域,人们展现出了更多的幸福感,也对他人有了更多的好感。

事实上,很难想象你能做一件比在户外找到敬畏更有益于身心的活动。这样做可以降低罹患心血管疾病、呼吸系统疾病、糖尿病、抑郁症、焦虑症和癌症的可能性,可以减轻儿童哮喘,可以缓解日常的身体疼痛、过敏、眩晕和湿疹。从出生在绿地附近时体重较大的新生儿一直到岁数很大的老年人,在整个生命周期中都能够观察到身处大自然所带来的这些好处。我们的身体对恰适健康的自然敬畏做出的反应,就像我们对美味营养的饭菜、良好的睡眠、一杯清凉的水或与朋友及家人的愉快聚会做出的反应一样,仿佛获得了营养,身体更强壮、情绪更饱满、更富有活力。

我们对野性敬畏有着强烈的需求。

对一条河的野性敬畏

当斯泰西·贝尔完成熨斗峰的攀爬并重新回到地面后,他便一心向往户外,攀岩、远足、背包旅行、滑雪和漂流。战争创伤会日益恶化的这种想法让他震惊。参加行动以后,部队里的人们感受到的敬畏通常来自他们服役的地方和遇到的人,他们的家人,执行海外任务的超高强度,以及在战斗中经常看到的勇气。那往往是一种神秘的、充满威胁的恐惧，可以迅速变成对屠杀、混乱、暴力、伤害和目睹年轻人死亡的恐惧。但其中存在着敬畏，向平民生活的过渡令老兵们更加渴望敬畏。

斯泰西被这个想法触动，将毕生精力投入到奉献野性的敬畏中。通过与谢拉俱乐部的合作，他每年为数十万人创建活动项目，让他们在行走、远足、背包旅行、漂流和攀岩中感受到野性的敬畏。他带着作战中失去四肢的老兵一起爬上陡峭的岩壁。他和退伍军人一起返回战斗的地点，但目的是娱乐，在伊拉克和阿富汗的美丽山区和当地人一起滑雪。正因为他对野性敬畏做出的贡献，他被评为年度国家地理探险家。

当斯泰西听说我们的研究展示了敬畏如何减少炎症时，他建议我们合作开展一项野性敬畏的研究。我们的实验室选择了亚美利加河作为研究地点，这是一条约两百公里长的水道，从内华达山脉开始，蜿蜒穿行于山麓丘陵地带，抵达萨克拉门托，途中经过我和罗尔夫兄弟两人曾经漫步的山峦。在河上漂流，既有慵懒的、白日梦般的闲庭漫步，也有令人兴奋的，有时甚至是骇人的时刻，在名为"绞肉机""撒旦污水池""死人瀑布"和"医院酒吧"的二级激流中航行，如果操作不慎，你会跌进"棒球手套"，那是一块嗜好捕捉木筏的大石头。而过了"医院酒吧"之后，筏手们可以在康复室里治愈他们伤得不轻的身体。我童年时最美好的记忆就是与罗尔夫、父母和他们的朋友一起乘坐木筏和充气内胎航行在这条河上。在阳光下漂流,连续几个小时注视着水面上的光线,看着水中的彩虹鳟鱼那模糊的褐色轮廓,感觉着河水的流动及其与众不同,让我们的身体、笑声和交谈在高照的艳阳中一起熠熠生辉。

我们有两组参与者。一组由学生组成,他们来自加州的奥克兰和里士满的几所资源匮乏的高中,这些学校缺乏经常出现在私立学校和富裕的郊区公立学校的绿地和有机花园。许多青少年从未露营过。在贫困中长大会给他们带来更大的精神压力,更容易出现焦虑和抑郁以及慢性炎症。我们的另一个组由退伍军人组成,他们可能与贫困中长大的孩子表现出一样的创伤型压力,如睡眠中断、侵入性思维、注意力难以集中,以及危机四伏的警戒意识。

在漂流之前和一周之后,我与我在加州大学伯克利分校的合作者克雷格·安德森(Craig Anderson)和玛丽亚·蒙罗伊(Maria Monroy)收集了压力、幸福感和创伤后应激障碍(简称PTSD)的测量结果,这些数据基于参与者的睡眠中断、侵入性记忆、闪回和烦躁感的报告。漂流之行前后,参与者把口水吐进小瓶子里,以便我们可以测定旅行过程中与压力相关的皮质醇变化。我们将GoPro运动相机安装在木筏的前部,让我们得以近距离拍摄协调一致的划船动作、同步的高声叫喊、集体的开怀大笑、击桨,还有冲过危险激流后的庆祝声、恐惧的尖叫和惊叹音——喔,呜,啊,哇。漂流之行当天的午餐后,我们请青少年和退伍军人写下他们在河上的体验,讲述他们的野性敬畏的故事。

就像散步、玩耍和观看运动、舞蹈、仪式或典礼一样，在一天的过程中，筏友们的情绪和生理机能是同步的。刚开始，他们的皮质醇水平各不相同；结束了这一天的整齐划一的动作，他们的皮质醇水平便趋于一致。筏友们的情绪表达也是同步的，有的筏友在筏子上尖声号叫，有的人则在"呜"和"哇"的交响乐中共同发声。

在这次旅行的一周之后，青少年和退伍军人的压力都减轻了。他们都展现出更多的幸福感。青少年表示，他们与朋友和家人的关系更好了。退伍军人则表示，与创伤后应激障碍相关的情绪和症状减少了32%。

漂流为我们带来益处的原因有很多，体力消耗产生的内啡肽，与他人一起娱乐，享受艰辛生活中的短暂休息、树木的景色和气味以及河流的声音。在更精细的分析中，我们发现正是敬畏让户外活动给身心带来了益处。下面是一位青少年参与者的敬畏故事：

> 在今天的所有事情中，我注意到一点……山上浓烟滚滚，让我感到敬畏。高高的波浪撞碎在船舷上，让我感到惊奇。我体会到平静。

一位退伍军人讲述了敬畏如何通过以正确的角度看待事物

来治愈创伤:

抬头望着缀满繁星的天空,我想到了宇宙,想到了它是多么无限。是它造就了那些让我感觉自己无足轻重的事物,但这也正给了我机会,让我做出更强大、更轻盈的事情。我从来没有在天空中看到像今天这么多星星。

敬畏会让我们意识到,我们一生的工作没有我们自以为的那么重要,还在目的和可能性上充满了希望。青少年和退伍军人的报告显示,他们在旅途中感受到的是敬畏,而不是骄傲或快乐,这解释了为什么他们感到压力更小,社会联系更紧密,对家人产生更多的爱,而且在一周后感到更幸福。

野性敬畏研究中的青少年

平庸的利己主义的终结

在马萨诸塞州的康科德（Concord）一个晴朗寒冷的日子里，拉尔夫·沃尔多·爱默生在穿过一块公共用地时，被自己在 1836 年《自然》杂志上的一篇著名文章中描述的野性敬畏征服：

> 在树林里，我们回归了理性和信仰。在那里，我觉得生命中没有什么不幸会降临到我身上，没有耻辱，没有大自然无法修复的灾难（请留下我的双眼）。站在光秃秃的地面上——我的头脑沉浸在无忧无虑的状态中，升至无限的空间——所有平庸的利己主义都消失了。我变成了一个透明的眼球，一无所有，却看到了一切。宇宙生灵的洪流在我的身体中激荡，我是神的一个部分或一颗微粒。彼时，最亲密朋友的名字听起来已经陌生而意外，做兄弟，做熟人、主人或仆人，都变成一件小事、一个麻烦。我热爱不受约束的、永恒的美丽。

在许多方面，"平庸的利己主义"已经成为我们这个时代的一种社会弊病。出于各种原因，我们的世界变得越发自恋，这是由自我中心、傲慢、优越感和权利所限定的，尽管令人鼓舞的是，这种自恋从 2009 年以来略有下降。自恋会导致对他人的关注视而不见，还有好斗情绪、种族主义、霸凌和日常的不文明行为,更不用说对自我的敌意了。自恋加剧了抑郁、焦虑、身体形象问题、自我伤害、药物滥用和饮食失调。

为了检验爱默生所谓的平庸的利己主义假说,加州大学尔湾分校的保罗·皮弗教授和我带着学生来到伯克利分校校园里一片令人惊叹的蓝树胶桉树林。这片桉树林距离展示霸王龙骨架复制品的博物馆很近,学生在那里进行了关于敬畏如何揭示我们的集体自我的"我是"研究。其中一组参与者在树林里抬起头来,用两分钟的时间观察桉树的树皮、树枝、树叶和光线,感受有关树木是什么和树木给予的奇迹。而另一组的人们站在同一个地方,但是抬头看着一座科学大楼。请见下图。

敬畏组　　　　　　　　　对照组

经过短暂地仰望树木，参与者在回答实验员向他们提出的问题时报告说，他们觉得自己不再那么理直气壮，也不再那么自恋了。在谈及参加这项研究的报酬时，他们要求的钱更少，理由是"我不再相信资本主义了，伙计"。当所有参与者都在回答这些问题时，一个以前与我们串通好的人走过旁边，故意掉了一堆书和笔。我们发现，那些感受到野性敬畏的参与者比那些抬头看大楼的参与者捡起了更多的笔。

当平庸的利己主义在野性的敬畏中消退时，我们是否"回归了理性"呢？短暂的野性敬畏能让我们将自己的生活和世界看得更为透彻吗？从最普遍的意义上讲，是这样的，敬畏的体验使我们更加意识到我们在知识上的差距，更严格地考虑论点和论据。请看以下的研究，其重点是野外背包客的野性敬畏和推理。一部分背包客在抵达阿拉斯加、科罗拉多、华盛顿和缅因这几个州的荒野之前完成了一项推理任务；另一些背包客在旅行的第四天完成同样的推理任务。推理的衡量方法是远程联想测验中的十个项目，参与者在测试中拿到成套的三个单词，例如"年龄""英里"和"沙子"，并被要求生成一个与三者都相关的单词。该例题的答案是"石头"。这需要人们根据各种不同的推理找到答案，注意同义词、创造复合单词以及寻找语义上的关联。野外旅行第四天的背包客在这项推理任务上的表现优于正要出发的远足者50%。

除了否认人类造成的气候危机之外，今天最危险的背离理性的行为可能就是政治上的两极分化趋势。这是一种集体的平庸利己主义。将意识形态和道德问题视为好人和坏人之间的文化战争。作为推理中的偏见带来的结果，这种两极分化在过去二十年中进一步加剧。我们假设自己是这个世界公平合理的裁判者，当我们遇到与自己观点不同的人时，我们会将他们的观点归咎于意识形态偏见，从而得出结论，他们不过是些怒目圆睁的狂热极端分子。

我和我在伯克利的合作者丹尼尔·斯坦卡托想搞清楚，野性敬畏的体验能否化解这种两极分化。在我们的研究中，参与者观看了英国广播公司的《行星地球》或一段对照视频。然后，他们被要求就警察暴行这一当代最为两极分化的问题发表自己的看法。继而，他们将其他美国公民分为针对该问题的不同阵营，并对这些不同派别的观点做出评价。敬畏让参与者以一种不那么两极分化的方式看待这个问题，这意味着他们认为自己的观点和对手的观点之间的差距并非那么巨大。

自然的神性

当我们本着浪漫主义的精神回到户外，许多人发现的不只是自我的沉寂、健康的身心和彻底的理性。在一些深入的访谈中，一些美国人表示会经常在自然之中感受到神性，觉得他们接近了那些原始的、包罗万象的、有益的东西。盯着河水的流动，听着鸟儿的鸣叫，望着天上的云彩，或是静静地坐在一片树林之中，仿佛感觉有一种仁慈的力量为包括他们在内的、环绕在他们周围的生命赋予了活力。在另一项研究中，人们报告了在徒步、观鸟、攀岩和冲浪中的精神体验。

还有其他证据表明，大自然本身可能也是一座寺庙，为我们提供了无数的空间，让我们可以体验所感知到的神性。在一项研究中，根据每个县的阳光、天气、水体和地形的多样性，社会学家对美国三千一百个县的自然美景进行了评估。当一个县的自然奇观越丰富，其居民去教堂和笃信宗教教义的可能性就会越低。户外活动本身就是一种宗教形态，虽然它让人们远离了某种正式宗教的建筑、聚会、仪式和教义。

户外活动让我们回到了土著学者所说的传统生态知识（简称 TEK），它是一门关于我们与自然世界关系的土著科学，在世界各地约五千种土著文化中呈现为不同的本地形式。通过对动植物、天气系统、植物的力量、动物的迁徙模式和生命周期开展的数万小时的观察，数据的汇编，以实验证据和老年人的文化输入对假设进行检验，并通过口头、宗教和图像传统的知识传播，传统生态知识已经演变成一种文化信仰体系，一种理解自然的方式，或者说是一门科学。

在传统生态知识中，各个物种被认为是相互依存的，它们在生态系统内彼此关联并互相协作。

所有的东西都是由一种重要的生命力、精神或共有的实质所驱动的。在体验野性敬畏的过程中，我们可能会感觉我们与其他物种分享着某种意识，这是一个在研究中经过检验的论点。该项研究展示了植物、真菌、花卉和树木如何相互交流，甚至表现出某种意向、意识，如果大胆一点地说，还包括对其他个体的友善。

在传统生态知识中，暂时性是一种假定。从生命的最初时刻直到生命的结束，所有的生命形式都处于不确定的状态，持续地变化、出生和死亡。我们从周遭的各种循环中感觉到这一法则，白天和黑夜的光亮、四季的变化、植物生命的成长和腐败以及生命和死亡本身。

归根结底，自然界理应受到崇敬。事实上，敬畏促进了对自然的崇敬态度。在一项研究中，在经历了短暂的敬畏之后，中国人更愿意减少耗费、多回收、少买东西、少吃肉。美国前能源部长朱棣文（Steven Chu）说过，如果将世界上的所有奶牛视为一个国家，其碳排放量将仅次于中国和美国。

野性的敬畏唤醒了我们与自然环境相联结的古老纽带。在这场觉醒中，我们找到了解决这愈加严峻的时代危机的办法，从负担过重的儿童到空洞的夸夸其谈，再到我们燃烧的化石燃料。野性的敬畏让我们回到一个重要的观念：我们是比自我更宏大的某种存在的一部分，是自然界中相互依存、彼此协作的物种之一。如果我们对理性的背离不破坏这个生活中最普遍的奇迹，那么这些野性敬畏的益处将有助于我们应对当下的气候危机。

在弟弟去世后的那个夏天，我计划了几次高海拔地区的徒步旅行，希望罗尔夫能以某种方式陪伴在我身边。首先是环绕勃朗峰的一百六十公里路线，雅克·巴尔马特（Jacques Balmat）经过了十五次尝试后才在1786年首次登上这座山峰。登山家奥拉斯·贝内迪克特·德索叙尔（Horace Bénédict de Saussure）在不久后也登顶勃朗峰，他在那里听到了自然之神的声音：

> 灵魂上升，精神的视野趋于扩大，而在这庄严的寂静中，你仿佛听见了大自然的声音，并对它最隐秘的行动再无疑问。

诗人威廉·华兹华斯受到这次攀登的感召，与他的妹妹多萝西一起从英国剑桥步行一千一百公里去拜访这座高山。他的史诗《序曲》（The Prelude）第六卷就是献给这段旅程的。为了寻找"至高无上的存在"，华兹华斯漫步在山谷、村庄、山脊和通往勃朗峰的关隘，在山峦间发现了"生命的晨曦"和"仁慈与幸福"，还有正在消失的自我，只留下"生活中不可信任的空虚"。

这首诗的第一行在我寻找敬畏的过程中多次出现：

啊，这轻轻的微风满含祝福。

在悲痛中，我好像感觉到弟弟正在微风中抚摸着我，对我说话。

几行之后，华兹华斯写道：

还是一根细枝或其他什么

漂在河上的东西指引我的航程？

这句话让我每天都感到敬畏。看着平凡的人，就像漂在河流中的细枝，去发现生活的新奇迹，对于悲痛中的我来说，弟弟不在了，我的生活要朝着新的方向发展了。

在日内瓦落地并找到远足团队后，我们乘车前往法国的夏蒙尼。《序曲》就放在我的背包里，那是我母亲从几十年教授这些敬畏记录的过程中获得的礼物。在我们攀登阿尔卑斯山的路上，我看到一阵风刮过一片白杨树，在正午的阳光下，树叶摇曳不停，投下明暗交替的图案。我仿佛听到是罗尔夫的叹息让树叶摆动。前一年夏天，在我们最后一次一年一度的登山旅行中，他和我站在谢拉山脉东部的一片白杨树中间，那些树也以同样的方式摇曳着，我们嘲笑了那种相互依存和变化无常的树木表演。

在第一天晚上的培训中，我们十二个人中的一位女士走近了我，她身材高大，沉默寡言，措辞简单明了。如果是加利福尼亚的淘金热时代，在罗尔夫居住的谢拉山脉，她一定会感觉如鱼得水。一到我面前，她便问："你是罗尔夫·凯尔特纳的哥哥吗？"

走在小路上，我才了解到他们两人是学校里的同事。罗尔夫在那里担任言语治疗师，她的办公室就在罗尔夫的对面。她讲述了有关我弟弟在工作中的敬畏故事。在孩子们失去控制时，他是怎样通过熊抱让他们平静下来的。罗尔夫去世后的第二年春天，她种植多年的一棵葡萄树首次开花，她从这些花朵中感觉到了罗尔夫。

在每天的徒步旅行中，我们都会从不断变化的角度瞥见勃朗峰的身影，我们一边穿过不断转换的云层和快速移动的薄雾，一边漫步在绿色的山谷，登上岩石密布的隘口，看到华兹华斯的"晨曦"，并对阿尔卑斯山的"连绵不绝"感到敬畏。勃朗峰的面容千变万化，时而乌云密布，时而变成明亮的奶油色，经常难见其真容，让人感觉宏伟而迷人。我开始觉得一切都是透明的，感觉到绿色渗入了我的身体，浸透到山上。清新的空气将自我感知提升到一个无限而清晰的空间，我感到罗尔夫穿过阿尔卑斯山的山谷，在山峰周围的空气中散开。

在这次旅行的最后一天，我乘坐缆车登上了勃朗峰的峰顶。当我们沿着山坡被运送上去时，车厢里挤满了攀岩者、游客、瑞士家庭和兴奋的孩子，一个个都在尖叫。回程时，我们乘坐缆车贴着勃朗峰附近的山坡下降,所有人都对瑞士人的工程感激不尽。小小的、浓稠的彩虹照耀在山坡之上的雄伟冰面,跃动不止,从绿色到蓝色,从紫色到红色。最后一种颜色让我想起了罗尔夫那一头红发。从特定的角度,白光显示出令人惊讶的七色光谱。前面仍然会有更多的奇迹与奥秘,但不管怎么说,他仍在其中占有一席之地。

[第三部分]

敬畏的文化记录

CHAPTER
— THREE —

第七章

音乐敬畏

音乐敬畏如何在群体中接纳我们

我用我的身体倾听,是我的身体对这段音乐所蕴含的激情与伤感做出了反应。

——苏珊·桑塔格①

由美·肯德尔通过音乐的形式感知世界。当听到一辆本田汽车的喇叭声时,她告诉我,这是一个升G大调,还有小三度和弦中的B大调自然音。在费城人队的一场棒球比赛中,有个出界球击中了附近的一根横梁,声音传进她的耳朵和大脑,那是一个纯粹的B大调。C大调是她的本垒,在那里她感到自己向世界敞开了怀抱。

由美告诉我,她的母亲在一个种植水稻的日本传统村落长大。得知父母为自己安排的结婚计划后,她母亲断然拒绝,凭借着年轻人的热情,她搬到了密苏里州的圣路易斯,在那里开始了新生活。她担任保姆,照顾那些跟随由美的祖父——就是

---

① 美国著名女性作家和哲学家。

将铃木教学法①带到了美国的约翰·肯德尔——学习小提琴的孩子。在此过程中,由美的母亲结识了约翰·肯德尔的儿子,然后他们结了婚,组成一个酷爱音乐的家庭。

由美是在哥哥学习小提琴的声音中长大的。五岁时,由美选择了大提琴。朋友聚会是和儿时伙伴一起演奏音乐的好机会,她每晚都是听着爸爸唱的摇篮曲沉入梦乡。当由美向我讲述这些时,她开始轻轻地唱道:

乘小船和我漂洋过海
哪怕波涛汹涌而来
我们一起往来漂荡
沐浴那夏日的天光……

摇篮曲是一种声音媒介,父母通过它创造了令人昏昏欲睡的敬畏,带来睡眠和梦境的奇迹。那些轻快的歌曲,混合着轻柔的触摸和舒缓的话语,将孩子的生理机能转入一种高交感神经的、富含催产素的、与归属感和联系感相关的状态。一项研究发现,即使在听来自其他文化的摇篮曲时,婴儿也会如此。摇篮曲将父母和孩子融入高接触性的、同步的群体模式,并在早期带来将自身置于其中的躯体化观念。

---

① 又称铃木运动,是由日本小提琴家铃木镇一开发与推广的音乐教学法及教育哲学。

如今，由美是费城交响乐团的一位屡获殊荣的大提琴演奏家，这可不是一个容易获得的职位。自 20 世纪 70 年代以来，一直有演奏者在幕后面试，但这并不能阻止指挥们在发现由美的性别时排斥她，即便认定了她是最佳人选。然而，在观看马友友演奏巴赫的大提琴组曲时，她感到一种音乐敬畏和道德之美的体验。她深知，无论性别和种族偏见如何存在，一个人都可以凭借才华演奏出这些复杂的音乐作品。

对由美来说，音乐是一种象征性的敬畏媒介，我们在音乐中能共同表达和理解什么是宏大和神秘的事物，以及我们如何理解生活的奇迹。这种观念在浪漫主义者的作品中得到了充分的体现，他们将音乐视为崇高的艺术领域。贝多芬是浪漫主义的英雄，用 E. A. 霍夫曼①（E. T. A. Hoffmann）的话说，他创作的音乐"启动了敬畏、害怕、惊恐、痛苦的机制，唤醒了作为浪漫主义精髓的无限渴望"。

在浪漫主义时代过去五十年后，查尔斯·达尔文每天都拿出时间在花园附近散步，聆听剑桥国王学院小礼拜堂的音乐。在他漫步并思考有关进化的问题时，当地的动植物和音乐为他的思想提供了养分。这样的不期而遇让他想到了一些问题：

> 我对音乐有着浓厚的兴趣，经常据此安排我的散步时

---

① 德国短篇故事作家及小说家，德国浪漫主义的代表人物。

间,以便在工作日听到国王学院小礼拜堂里的赞美歌。这带给我强烈的快感,以至我的脊梁骨有时会颤抖。我确信这种爱好并非装模作样或仅是一种模仿……不过,我对音乐完全一无所知,无法分辨不和谐和弦,也不会跟着拍子正确地哼出一首曲子。我怎么可能从音乐中获得快乐呢?这真是一个谜。

这是一个有关音乐带来快乐的不解之谜。

音乐学者长期以来一直相信,我们创作和欣赏音乐是为了理解敬畏等情绪。这里我们要问:这是怎么做到的?又是为了什么呢?

达尔文的思考暗示了三个答案。第一个可以从达尔文对音乐的"颤抖"中发现,这是一种与他人相融共同面对神秘与未知事物的躯体化的信号。当被音乐打动时,会出现寒战和流泪,这属于一种人类普遍现象。正如哲学家苏珊·桑塔格指出的,这是因为我们用身体倾听音乐。或者就像迈尔斯·戴维斯(Miles Davis)在首次听到爵士乐大师迪奇·吉莱斯皮(Dizzy Gillespie)和查理·帕克(Charlie Parker)的演奏时所说:

"什么?这是什么?"天啊,那玩意儿太可怕了,太吓人了……天啊,那玩意儿让我浑身沸腾。

通过彻底打开身体，展露其神经生理学特征，音乐激起了我们的敬畏。

音乐也让我们欣然接受了超越"做作"与"模仿"的崇高。在我们的二十六种文化研究中，人们经常表示，音乐给他们带来了清醒、顿悟、真相的时刻，让他们更加了解自己在伟大的生命系统中的位置。作家蕾切尔·卡森经常聆听贝多芬，以此开拓自己的思路：

> 我觉得，听着贝多芬的音乐，心境会变得更有创造力。突然之间，我明白了这本选集应该是什么样子，它应该讲述什么故事，又可能会有何等的深刻意义。我认为我永远无法用语言来解释，这是一种极度兴奋的心情，我落泪了。

音乐具有"深刻的意义"，用我们下文很快就会提到的哲学家苏珊·朗格（Susanne Langer）的话来说，它阐释了"生活的模式"。音乐教给我们关于爱、痛苦、正义和权力，以及我们和什么人一起、在什么地方找到我们的群体。然而，如果我们从一种声音模式中感受到敬畏，它是如何引导我们理解生活中的宏大神秘事物呢？通过仔细聆听声音的象征意义，我们就能找到答案。

最后，我们不应该忘记音乐的社会性。十万年来，甚至可能更长的时间里，我们都在与他人一同聆听和演奏音乐。在音乐中，作为一个通过声音结合在一起的群体，我们找到了某种共同的身份，就像达尔文那种"对音乐的兴趣"。

声音的羊绒毯

2019年秋天，我拜访了由美，听她演奏普利策奖得主、美国作曲家约翰·亚当斯（John Adams）指挥的音乐作品。开场前十五分钟，我找到自己的座位，跻身于两千位交响乐爱好者当中。坐在弧形排列的红色天鹅绒座椅上的所有人，都在一派集体欢腾中嗡嗡地闲聊着。由美大步走上舞台，挥手致意，然后和一百名乐队成员一起坐下，他们都奏起不同的单音，形成一片刺耳的嘈杂，仿佛一场声音的袭击。然而，一位双簧管乐手突然吹出一个A调，所有的乐手随即加入进来。这就是音乐，一支管弦乐队。

表演过程中，由美端然而坐，上身直立，手臂保持着严格的角度，仿佛在倾听大提琴的呼吸。当她抬起眉毛、闭上双眼时，脸上流露出专注、决绝、强烈、着迷和幸福的表情。由美似乎飘进了身边一个看不见的空间。那天早些时候，我在罗丹博物馆的《地狱之门》（*Gates of Hell*）中看到了这样一张脸。这是罗丹从但丁作品衍生出来的一座激发敬畏的雕塑，表现了在通往来世之门附近盘桓不去的尸体。

第二天，我和由美在费城里滕豪斯广场附近的一家户外咖啡馆喝了杯茶。这是一个清新明亮的秋日,枫叶正在变色,散步的城里人腋下夹着报纸,牵着适应了城市生活的狗狗。我问由美,作为在两千位观众面前演奏的管弦乐队的一员,是什么样的感觉。她告诉我亚当斯的作品在技术上是多么具有挑战性,并回忆起她每天锻炼前臂、二头肌、手腕和手指来进行练习。

然后,她语气一变,谈起了如同在她的身体内演奏的感觉。她感受到大提琴的振动,木头碰到她的胳膊。演奏时,她的思绪会飞向新的空间,高高地飘荡,不知道要去往何方。说这些话时,她的双手向外旋转,手指像烟花一样让人眼花缭乱。她继续说道:

当我收到要演奏的乐曲总谱时,我看到了自己的那部分乐谱,它是组成这首乐曲的几十个部分之一。我有一种感觉,我与我们这个物种的过去,与我们创造音乐的几万年的悠久历史,以及我们的现在和未来,都存在着联系。这是如此的谦卑。在表演的时候,我们将某些东西释放到那个空间里……我们的乐器奏出一些音乐节拍……我想大厅里所有演奏过的音符都还在那里回荡。我的意思是,如果掀掉交响乐厅的屋顶,音符会去哪里?演奏的时候,我感觉到内心的振动。这些节拍会进入太空。它们将人们包裹起来,用音乐的和谐统一将人们环绕,它超过了语言,超出了想象，超越了宗教，就像一条声音的羊绒毯。

我们在与他人一同演奏音乐时感到敬畏，这是数万年之久的音乐创作历史的一部分。音乐带给我们的敬畏的确超越了讲话，是一种新的思想，而且对许多人来说，它比宗教更强大。对于很多虔信宗教的人来说，它是通往神性的路径。但是，我们该如何理解由美的隐喻，即她演奏的音符将听众包裹在"声音的羊绒毯"中？

当由美在大提琴的弦上拉动琴弓时，或者当空气经过碧昂斯的声带产生振动时，又或者冈比亚的说唱巨星索娜·约巴特拨动她的科拉琴弦时，这种碰撞会让空气中的粒子发生运动，产生声波，也就是振动，并向空间散播开去。这些声波击中你的耳膜，耳膜有节奏的振动会让它另一侧的耳蜗膜上的毛发发生运动，进而触发从你大脑一侧的听觉皮层开始的神经化学信号。

声波被转化为一种神经化学激活模式，从听觉皮层移动到前岛叶皮层，它直接影响和接收从心脏、肺、交感神经、性器官和肠道输入的信息。在音乐的意义从大脑中产生的这一时刻，我们确实在用我们的身体聆听音乐，喜好音乐的感受也就是从这里开始的。

这种音乐的神经表征与身体的基本节奏同步，经过大脑中一个被称为海马体的区域，为不断累积的声音的意义添加一层层的记忆。音乐如此轻易地将我们从现在带回从前，或从现实世界带入可能的范畴，这是一种能够激发敬畏的时空旅行。

最后，这种神经化学信号的交响曲终于到达了我们的前额叶皮层，在那里，我们通过语言为这些错综复杂的声音赋予个人的和文化的意义。音乐让我们了解社会生活的宏大主题，我们的身份，我们的群体结构，甚至还有我们的世界要如何改变。

新近的研究揭示了音乐如何将我们的身体转入敬畏的神经生理机能。悦耳舒缓的音乐能减缓我们的心率，这是交感神经被激活的标志，并降低我们的血压。一项研究表明，瑞典流行组合阿巴乐队（ABBA）的那种节奏更快、更为响亮的音乐会提高我们的血压和心率，但可以降低皮质醇的水平。这表明，即使是更有活力、更前卫的音乐也能唤起我们的情感，但不会有伴随皮质醇水平升高所带来的危险感。当我们倾听打动我们的音乐时，大脑的多巴胺能回路被激活，让我们的头脑开启了好奇和探索。在这种音乐敬畏的身体状态下，我们经常流泪并出现寒战，那代表的是与他人相融并面对神秘与未知的迹象。

在我们的历史上，音乐是最常与他人共同欣赏的艺术形式。而当人们一起聆听相同的音乐时，在为音乐赋予情绪意义的杏仁核，以及涉及愉悦的尾状核，涉及语言和文化意义的前额叶皮层这些区域中，他们的大脑会实现同步。在针对这方面的一项富有想象力的研究中，参与者都戴上大脑记录帽，在一家为研究租来的俱乐部里一起聆听现场乐队的演奏。在聆听的过程中，他们的大脑在德尔塔波段出现同步，那是一个与身体运动相关的脑电波频率，它使我们趋向整齐划一的动作。重要的是，这种共有的大脑激活的程度预示了个人在多大程度上被音乐打动并感觉与他人拉近了距离。音乐打破了自我和他人之间的界限，可以将我们团结在敬畏的感受中。

大卫·拜恩（David Byrne）的《制造音乐》（*How Music Works*）一书追踪了这样一种观点，即音乐的声音把我们的身体转入一种共有的敬畏体验。大约两千五百年前，希腊哲学家毕达哥拉斯提出，太阳系发出完美和谐的声音，这些声音起源于生命节奏，比如天气、季节、大自然的轮回、清醒和睡眠的周期、爱与家庭生活、我们的呼吸、我们的心跳以及生命和死亡。毕达哥拉斯推断，在我们演奏和聆听宗教音乐时，这些天籁之音能让我们的生活节奏同步，从而将我们融入希腊人所说的交融状态，也就是社会的和谐。当我们与他人一起听音乐时，我们曾经独立的众多身体节奏——心跳、呼吸、荷尔蒙波动、性周期、身体动作——便融入一种同步的模式。我们感觉到我们是某种更宏大的东西的一部分，即一个群体、一种能量模式、一种时代观念，或者我们可以称之为神圣的某种东西。

音乐如一条声音的羊绒毯将我们包围起来。

音乐与感受

当晚,结束了费城的演出后,由美给我发了一封电子邮件,讲述了在她祖父去世的那一周,她演奏莫扎特的《安魂曲》时体验到的音乐敬畏:

> 这曾是祖父钟爱的一支曲子,莫扎特的《安魂曲》。2011年1月,在他去世的那一周,我们碰巧演出这部作品……当我们开始奏起《受判之徒》①时,我在他去世时未曾流下的泪水奔涌而出……愤怒的、咄咄逼人的三十二分音符,在我们全部四十个人的琴弦上整齐划一地奏起凄厉的强音……每个音符都像一记重拳。突然之间,随着"召唤我"的声音,天堂打开了门,所有的光线都照了进来,明亮的白光令人几乎失明。仿佛阳光穿透了声音,天使在歌唱,祖父和格莱美奖都在那里等着我……照耀着我。然后,记忆的闸门打开了,我们在高中合唱团里与吉布森先生和我的朋友们在音乐教室演唱这首歌……时光倒流。然后突然又回到现在,最强音重新进入,还有错失机会和悲伤与愤怒。我能感觉到泪水滑下我的脸庞,因为我的眼睛再也无法容纳它们。我瞬间意识到这是在演出……随它去

---

① 《安魂曲》的第七部分。

吧，这是舞台上的安全所在。我感到突发的愤怒平息了，当我们奏完《安魂曲》并以《圣体颂》结束了演奏时，虽然还在流泪，但我也感到容光焕发、平静、沉痛和安详。我觉得祖父听见了我的演奏。

由美的故事遵循了我们所熟悉的敬畏展开方式，开始于祖父去世这场重大遭际。感觉到去世了的祖父母依然健在，其中的神秘令她吃惊。由美的自我发生了转变，穿梭于围绕高中唱歌记忆的各种错综复杂的联想中，这种感官体验的融合被称为联感。她觉得自己在明亮的光线下受到触动，这是从声音里迸发出来的顿悟。她的身体开始行动，容光焕发，意识到这一切的宏大而禁不住泪流满面。在这一次体验中，她觉得自己是在和祖父对话。

有关音乐的意义，由美的看法来自苏珊·朗格的一项颇具影响力的针对艺术的哲学研究。在《感受与形式》(*Feeling and Form*)和《头脑：关于人类感受的一篇论文》(*Mind: An Essay on Human Feeling*)这两本书里，朗格提出了她的中心论点，即艺术的目的是将感受物化。她详细解释说，每项艺术都是一种独特的情绪表达。在某种文化和某个历史时刻中创作音乐或视觉艺术时，我们记录下来对朗格所谓的"生活模式"的看法。生活模式是社会生活的重要主题，是我们情绪体验的核心，譬如痛苦意味着什么，还有经历损失、热爱、抗议不公平、服从比自我更强大的力量、与神发生关联、遭遇神秘事物、生与死,所有这些都意味着什么。

朗格继续说,艺术体现了我们在一个有别于口头语言范畴的、具有象征意义的领域中对生活模式的体验。我们所说的话通常符合真理或真实的标准。语言的结构及其主语、宾语和动词的排列试图表现那些发生在我们通常清醒地体验到的三维空间中的事件。这些事件以线性的时间感向前展开,因果关系是单向的。

朗格认为,音乐摆脱了建构我们大部分口语的真实性限制。因此,我们通过音乐或视觉艺术获得的审美情绪体验遵循着不同的空间、时间和因果律的法则。在这些体验的范畴里,我们获得了对生活模式或我们生活的真相的快速而全面的直觉。朗格总结道,艺术的意义这一范畴"在任何词汇上都找不到对应"。音乐"是对富含情绪的生活的一种音调模拟"。

由美对音乐敬畏的描述正符合这种想法。对她来说,三十二分音符是"愤怒的"和"咄咄逼人的",用最强音表达悲伤。声音像"重拳",泪水"滑下"、愤怒"突发",听起来像诗歌中隐喻的描述一样。她在时间上向后一跃,被传送到另一个空间,在那里和已故的祖父母团聚。由美演奏莫扎特《安魂曲》时的敬畏体验让她了解了最真实可信的生活模式:即使是对我们最爱的人来说,生命也会以死亡为终结。

音乐如何将生活模式与我们联系起来?如果感受到敬畏,

音乐是如何让我们的思想与我们和生活的宏大神秘事物的联系纠结在一起的？简单的答案就是通过歌词。而事实上，在我们的二十六项文化研究中，世界各地的人都表达过特定的歌词是如何改变了他们的思想。当一些歌曲给你带来敬畏和对生活模式的理解，或许你马上就能记起其中的歌词。

更复杂的可能性在于，音乐的声音，独立于构成歌词的词语，激发了特定的情绪。瑞士的情绪科学家克劳斯·舍雷尔（Klaus Scherer）用了四十年的时间才搞清楚这是如何发生的。

舍雷尔的理论是这样的。当我们处在愤怒、同情、惊恐或敬畏等情绪状态中，我们的神经生理机能会发生变化，呼吸、心率、血压、交感神经激活以及全身肌肉的运动都会转而支持适应性行为，如逃避、畏缩、安抚、接受、兴高采烈或一探究竟。这些身体变化改变了发声器官的结构，进而改变了我们声音的音质。举例来说，当我们处于焦虑状态时，肺部周围的肌肉会变得紧张，我们紧绷的声带产生的音调变化较小，口腔中的唾液减少，嘴唇就会发紧，从而产生表达焦虑的尖厉、稳定且节拍更快的声音。

舍雷尔还指出，音乐家制造出的声音模仿了我们表露各种情绪时的不同音质，他们以此表达情绪。在对这一想法的实证检验中，音乐家被要求使用他们的嗓音或一件乐器，甚至仅是一面鼓来传达不同的情绪。研究发现，通过制作其声音仿佛具备了音高、节奏、轮廓、音量和音色等情绪特征的音乐，他们做到了这一点。比如说，通过有着上升轮廓线的音调变低、快速变化的声音来表达愤怒，就像是抗议的吼叫。快乐的音乐表达是以逐渐升高的、音调更高且快速变化的声音来完成的，如同好朋友的窃笑声或春天的溪流声。当将这些音乐样本播放给普通听众时，他们能毫不费力地分辨出十种不同的情绪，即便是仅从一面鼓的敲击声中。

为了记录音乐是如何表达敬畏的，艾伦·考恩和我让来自中国和美国的参与者首先提供了一分钟时长的、他们自己认为表达了包括敬畏在内的各种情绪的无歌词音乐样本。我们也让中国参与者提供了同样的传统中国音乐，是美国参与者从未听过的。当我们向这两个国家的新参与者播放这些简短的音乐选段时，这些新听众确实能够捕捉到其中包含的十三种情绪，包括来自其他文化的人提供的音乐中的情绪，也包括聆听中国传统音乐选段的美国参与者。我们在音乐中察觉到的感受包括：愉悦、活力、平静、色情、胜利、愤怒或挑衅、害怕、紧张、恼人、梦幻、悲哀、宁静和令人敬畏。依据舍雷尔的理论，表达敬畏的音乐在声学上类似于我们在感到敬畏时发出的哇、喔和啊。

新近的神经科学认为，在听音乐的时候，我们感知的不仅仅是迄今为止我们所关注的种种情绪。我们想象与特定情绪相关的动作，从音乐家的声音推断他们的身体状态和可能的动作。这些动作的形象触发了我们的模仿倾向，引导我们在身体内部开始类似的运动。来自我们生活中的身体形象和记忆，反过来又浮现在我们的头脑中。这表明，在我们听到表达敬畏的音乐时，我们自己的身心会转向敬畏的奇迹和圣徒倾向，即便这种转变是如此轻微。

这一分析与关于宗教音乐力量的古老观点相吻合，而宗教音乐通常具有敬畏之声的声学特征。在聆听、吟诵、歌唱或演奏宗教音乐时，我们会被推向敬畏。在如此躯体化的体验中，我们感觉到我们与音乐的起源存在着联系，或者就是这种起源的一部分，最典型的是某个宗教人物或某种力量。印度教认为，发出"噢姆"这种神圣的声音将吟诵者和宇宙的灵魂婆罗门直接联系了起来。在伊斯兰传统中，背诵《古兰经》使个人进入一种类似于先知穆罕默德在神启时刻的状态。正如许多土著文化里一样，巴西中部的卡拉帕洛人仪式性地吟诵、歌唱，并参加一种特殊的舞蹈，从中得到的体验让他们进入一种与神关联的状态。

今天，如果你听得足够仔细，在节日的唱诗班表演中，在拉加舞呆立不动的瞬间，在日本僧侣的吟唱里，在艾瑞莎·富兰克林[①]（Aretha Franklin）或波诺[②]（Bono）的引吭高歌中，你会听到某些敬畏的"哇"和"啊"的声音。你的身体和头脑的运动，寒战，以及交融状态的感觉都向你发出信号，你遇到

---

① 美国著名女音乐人，被誉为"灵歌天后"，曾多次获得艾美奖。
② 爱尔兰摇滚乐队 U2 的主唱。

了一种持续的生活模式，我们与某种宏大事物发生了关联，即使仅在一首歌的时间内。

一起来吧

在五六万年前，当人类走出非洲时，我们是作为一个热爱音乐的物种，以一个个小规模的漫游群体采取整齐划一的动作。我们最基本的社会互动——父母和子女、朋友、调情的青少年和一起劳作的群体成员之间的相互作用——通常都是建构在音乐的模式当中。我们把骨头做成笛子，用葫芦制作拨浪鼓，拿种子造摇锤，以绷紧的兽皮制出早期的鼓。音乐将舞蹈和讲故事交织起来，成为相聚在一起的媒介。

音乐使我们的动作同步。从一两岁开始，孩子们就会紧跟着歌曲的节拍移动身体，点点头、跺跺脚、拍拍手、扭扭屁股。在一项很有说服力的研究中，相比于非洲其他地区的歌曲，西非和东非人更擅于随着自己文化的音乐轻轻拍打出节奏，这表明他们更容易与其他人取得同步。

而且，当彼此陌生的一些人敲击相同的节拍，而非不同的节拍时，他们会体验到更多的同情和帮助的意愿。聆听给我们带来寒战或敬畏的音乐，会让我们更容易和陌生人相互信任，也更愿意分享。

在世界各地，音乐确实具有相当的普遍性，正如我们已经看到的，通过音符的时间结构为音乐赋予节拍，利用音调来表达深层的意义，如歌词的演唱，下降的声音轮廓，敲击、重复和 C 大调等非等距音阶的使用。与此同时，不同文化在各自的音乐中发展出特定的节奏、节拍、音高、音调、轮廓和音色，那是他们自己记录下来的生活模式，例如什么是爱、力量或神性。在被某种文化的音乐打动的过程里，我们就被引领进入了它的感知、感觉和存在的方式之中，它们会以自我认知的顿悟产生的敬畏打动我们。比如青少年喜欢表达以其新身份为主题的音乐。一项研究发现，工人阶级学生更喜欢以生活的挣扎为主题的音乐，包括说唱和乡村音乐；上流社会的学生则在表达个人主义和自由的音乐——摇滚与爵士中找到了自己的身份，他们也毫无疑问地从中发现了一些敬畏。

音乐将个人置于更广义的文化身份当中，以至于一种文化的音乐与另一种文化何其相似，甚至达到让这两种文化在基因上也彼此相似。我们分析了三十九种非洲文化的音乐，中国台湾九个原住民部落的合唱歌曲，以及从蒙古人到爱尔兰人，再到纳瓦霍人的三十一种欧亚文化民歌的旋律和音调，从中都观察到了这个现象。

音乐家创作音乐，以表达对生活的感受，而其中所采取的方式让他们与各自文化中的其他成员团结在一起。对戴安娜·加梅罗斯（Diana Gameros）来说，的确就是这样。

戴安娜成长在墨西哥的华雷斯，是一个热闹大家庭里的五个孩子之一。她对视觉和声音很敏感，起初是用妈妈送给她的一个小小的玩具风琴演奏音乐，这让她进入一个恬静的想象空间。她先学习钢琴，后来又学了吉他，但很少唱歌。在她家里唱歌的是她的两个叔叔，他们用饱满而深沉的音色演唱墨西哥民歌。

如今，戴安娜的获奖音乐作品沿袭了她童年时代的墨西哥吟游诗人和兰切拉调①歌曲的形式，混合了她留学美国并找到自己的风格时掌握的大提琴和古典吉他奏出的声音。她的歌曲反映了墨西哥移民的担忧，以及他们受剥削和远离家乡的生活模式。

得到绿卡以后，戴安娜获准于十六年后返回墨西哥，在自己的祖国巡回演出，并由纪录片《亲爱的祖国》(*Dear Homeland*)记录下来。以下是她在墨西哥城的中央广场上对这次返乡留下的丰富的音乐印象。在那里，她感受到了来自四面八方的敬畏，与人同行，地方独有的面孔、声音和颜色，音乐，以及祖母经常唱起的一首歌：

我现在感觉到了，我在这里，我终于回到了墨西哥。我所要做的就是把我的手机和思绪都关掉，深深地呼吸，尽情地感受和倾听，真正地听。还有观看，真正地看。我认得这些声音，他们说的是我的母语。我认得这些颜色，

---

① 一种传统的墨西哥乡土音乐。

是它们把我养大的。我认得那首歌，是我的祖母过去在奇瓦瓦州的托里昂西托斯唱的一首歌。我在这个地方认出了自己和这些声音，在那些墙壁上，那些面孔上，那面旗帜上。现在我和它们在一起了。终于梦想成真。我回到了我最最亲爱的祖国，墨西哥。

我感到无比的幸福。

在音乐的敬畏中，我们听到了话语声，感受到了我们文化的声音。我们承认并理解我们在某种更大事物中的个人身份，那是一个集体的身份、一个地方和一个民族。我们找到了家园，那个看似遥远的地方。在那里，我们可以找到一份极大的幸福。听到具有深厚文化根源的音乐时，从那些我们或许不能马上理解的音乐中，我们都能找到这份幸福。

雨中的欢笑

我在费城听到由美演奏大提琴的当晚，这支管弦乐队表演了约翰·亚当斯创作的一部作品《谢赫拉莎德2》[①]。你可能还

[①] 俄国十九世纪的作曲家里姆斯基-柯萨科夫（Rimsky-Korsakov）创作过一部交响组曲，名为《谢赫拉莎德》，也被称作《天方夜谭》组曲。约翰·亚当斯的这部作品可能是受到俄国前辈作品的启发，并含有向其致敬之意，所以命名为《谢赫拉莎德2》。

记得，谢赫拉莎德讲述了构成《天方夜谭》的一千个故事，包括民间故事、传说和有关当地神灵的神话。这些故事记录了居于中东文化核心地位的敬畏，也是世界各地的电影和书籍的灵感来源。

故事从国王山鲁亚尔开始，他发现自己和弟弟被各自的妻子戴上了绿帽子。因为受辱而怒不可遏的山鲁亚尔每天都要娶一个处女，晚上把她强奸，第二天早上便将其斩首。博览群书的谢赫拉莎德出面干预，她通晓神话和民间传说，自愿成为国王的下一任妻子。在古波斯语中，"谢赫拉莎德"的意思是"世界更自由"。

第一天晚上，她用一个故事，也就是《天方夜谭》中一千个神话中的一个，来极力地取悦国王，一直到天亮。受感动的国王心生敬畏，恳求她把故事讲完，于是第二天晚上她又讲了一个故事。谢赫拉莎德通过讲述敬畏的故事而得救，她重复了一千个夜晚，两个人坠入了爱河。国王娶了她，立她为王后，生下了三个孩子。而对亚当斯来说，这个故事讲述的是压迫、女性在男性手中面临的暴力以及女性声音的力量。

演出当晚，亚当斯登上舞台，紧跟其后的是他在创作这首乐曲时心仪的小提琴家莉拉·约瑟福维茨（Leila Josefowicz）。后者站在亚当斯身边，身着飘逸的精致礼服，显出隆起的二头肌。这首交响乐共四个乐章，分别描绘了谢赫拉莎德如何讲述她的第一个故事、坠入爱河、反抗男人的威胁、最后逃离并找到避难所。

对于《谢赫拉莎德2》的大部分段落，我都在努力寻找自己的感觉。和许多人一样，我喜欢特定的音乐风格，但无法解释原因。很多当代作曲家的作品让我陷入一种无言的状态，缺乏概念和语言来辨别他们的声音可能象征什么样的生活模式。

当这首交响曲开始时，我的默认自我的声音很响亮，它让我烦恼为什么我穿的衣服从来都不合适，为什么在这样的高雅活动中像离开水的鱼儿一样不知所措，明天我的航班什么时候起飞，或者为什么我一边努力要感受音乐的敬畏，一边却又破坏了这种可能性。

这部作品以响亮的鼓声开始，就像破碎的海浪或雷鸣的怒吼击中了我。我的心跳缓慢下来，这是适应新事物的一种本能反应。我和身旁的人一样呆坐在那里，一动不动，沉默不语。我们具有渗透性的身体发生了变化，我们的共同关注点定格在舞台上。

在表现女性如何与男权压迫抗争的《谢赫拉莎德和大胡子男人》这一乐章中，约瑟福维茨表达抗议的尖利高昂的音符被琴弦上更深沉、更响亮、更霸气的声音所抵消，后一种声音是男性在谴责她涉嫌通奸并以荣誉谋杀相威胁。这是一种普遍存在的生活模式的声音，是让他人屈服的强者和试图生存并寻找反抗途径的弱者之间的斗争。

我陷入焦虑和紧张，为强权的暴力感到不安。一幅幅画面在我脑海里闪动。那是在谢拉山麓一次出乎意料的急诊室之行，当时罗尔夫因癌症陷入几近昏迷的状态，被紧急送往一家小医院。他在那里缓了过来，恢复了模糊的意识。当我陪在那里的时候，我们走在荧光灯照明的大厅里，经过一对父母，他们的儿子因精神病发作而躁动不安。罗尔夫的体重只剩148磅，穿着蓝色长袍，佝偻着腰，在这个消过毒的米色大厅里慢慢地走动，脚上穿着医院发的磨薄了的白色拖鞋，步履蹒跚。他轻松地评论道："我想我已经不是从前的我了，对不对？……那次我差点就走了。"

在这支交响乐临近尾声时，谢赫拉莎德逃离并找到了避难所。约瑟福维茨的演奏很柔和，它在某些地方升高，然后以温柔悠长的宁静音符结束。一个直言不讳、才华横溢的女性凭借讲述敬畏故事的天赋对强权说出了真相，这场斗争结束了。在斗争与征服的最后是和平，从亚当斯的作品中感受到的是缓慢而感激的声音，它的音符飘向了太空。在演奏结尾的静寂里，观众轰然而动。我感觉到泪水和一阵突然泛起的鸡皮疙瘩。

演出结束后，我在大厅里给了由美一个大大的拥抱，然后一头冲进倾盆大雨之中。拥堵的道路上，汽车前灯投射出的光束照亮了千百万个雨滴，它们从天空径直落到地面，然后突然消失在沥青路面的反弹中，在一圈圈辐射向外的圆环中分散成水分子。人们抓着节目单和外套跑向出租车。他们穿着休闲裤、连衣裙和高跟鞋，叫喊着熟悉的声音——啊，噢，哇和鸣，并在乘车离开时纷纷发出笑声。

周围的人我一个都不认识，想要找到我住的酒店却走错了路。我浑身湿透，包围着我的如注暴雨在街上形成满是小水滴的明亮光线。但我感受到自己置身于这个世界当中，夜晚的声音与周围人的动作和共同的节奏仿佛一块毯子将我包裹起来。

第八章

神圣的几何

对视觉设计的敬畏如何帮助我们
理解生活中的奇迹和恐惧

有大量的艺术,也许是大多数的艺术,实际上都是自我安慰的幻想……艺术,我从现在起所说的"艺术",是指好的艺术,而不是幻想的艺术,它为我们提供了来自非凡的独立生活方式的一种纯粹的乐趣。无论从其发端还是乐趣来讲,它都是一种与自私的痴迷完全相反的东西。它唤醒了我们最佳的天赋,又以柏拉图式的语言激发了心灵中最高尚的爱。它之所以能够做到这一点,部分原因是它与自然拥有某些共同的东西,一种形式的完美,它会引发无占有欲的沉思,并抵制沉沦于有意识的自私的梦想生活。

——艾丽丝·默多克[①]

《侏罗纪公园》是对生命奇迹的一次视觉盛赞。通过遭遇以热带风暴的巨浪为代表的无比强大的自然力量,包括基因编

[①] 英国二十世纪最著名的小说家之一,同时也是一位卓越的哲学家,被誉为"全英国最聪明的女人"。

辑和混沌理论在内的大胆创意,还有恐龙的情境,如同史蒂文·斯皮尔伯格的许多电影中一贯展现的儿童道德之美,它那激情澎湃的叙事迅速展开。在这部电影里,也揭示了试图将敬畏商品化的资本家给这些奇迹造成的危害。

当十一岁的迈克尔·弗雷德里克森(Michael Frederickson)第一次在这部影片中看到恐龙时,他惊呆了。对于电脑生成图像(简称CGI)行业里的人来说,那些一边踏断树枝一边缓慢移动的恐龙属于艾丽丝·默多克的"好的艺术"的一种体现,它成就了"非凡的……纯粹的乐趣"。对从事电脑生成图像的艺术家们来说,它就像是拉斯科洞穴①中的壁画,乔托②(Giotto)的湿壁画,荷兰大师们对家庭生活和光线的描绘,以及启发了塞尚③(Cézanne)的立体主义的苹果一样,成为一种看待世界的新方式。凭借神奇的特效,斯皮尔伯格及其团队创造出我们这些观众眼里栩栩如生的霸王龙、三角龙、剑龙和雷龙。

为了向父母解释《侏罗纪公园》是如何让他这么感动的,迈克尔买来这部电影的配乐,并在某一天晚餐时播放了它。他

---

① 1940年在法国韦泽尔峡谷发现的一处洞穴,其中的精美壁画可以追溯到旧石器时代。

② 意大利文艺复兴时期杰出的雕刻家、画家和建筑师,文艺复兴的开创者和先驱者,被誉为"欧洲绘画之父"。

③ 法国后印象主义画家,对二十世纪的立体派有很大影响,被称为"现代绘画之父"。

们坐在那里听着配乐，迈克尔突然哭了起来。父母起初以为他是因为沮丧而落泪。一年后，上六年级的迈克尔收到了这样一篇作文提示：你能拥有的最美好的一天是什么样子的？迈克尔的回答是："午饭后，为皮克斯制作电脑动画。"在学习了计算机科学之后，他经常在代码的模式和系统中发现数字的敬畏，事实上，他后来真的去了皮克斯，开启了视觉敬畏中的职业生涯。

如今，迈克尔是皮克斯的场景画师。他利用电脑绘图、大数据和机器学习方面的最新进展，创造了皮克斯电影的视觉世界，包括《美食总动员》中的巴黎街头、《海底总动员2：多莉去哪儿》中的礁石场景，以及《头脑特工队》里莱莉的内心世界。

对迈克尔来说，《头脑特工队》让观众反思失去和对身份的找寻。这部电影的制作过程让他对自己的生活有了深刻的理解，而在影片上映以后，他便有了一种漂泊无依之感。当他告诉我这一点时，引用了赫尔曼·梅尔维尔[①]（Herman Melville）的《白鲸》中的一句话："只有无地状态中存在最高的真理。"敬畏让我们身处一个"无地"的境界，不受默认自我和社会现状的牵绊与束缚。他开始谈论皮克斯，边喝咖啡边和我分享。几句客套之后，迈克尔把他的笔记本电脑打开到第一张幻灯片

---

① 美国十九世纪伟大的小说家、散文家和诗人，《白鲸》是其最著名的代表作。

"第六种情绪"。这种情感令人敬畏。

对于迈克尔和其他许多人来说,视觉艺术的一个要点就是唤起敬畏。用默多克的话来说,艺术可以让我们超越"有意识的自私的梦想生活"。在这一框架内,艺术可以平息默认自我的过度压抑,并引导我们走向"心灵中最高尚的爱",感受到和他人一起欣赏有意义的和赋予生命的事物。对敬畏之于视觉艺术的重要性,这番谈话中间的幻灯片提供了一种证据。他展示了一张包括几十种出自电影的敬畏表情的图片。他指出,史蒂文·斯皮尔伯格在《E. T. 外星人》中塑造了德鲁·巴里莫尔(Drew Barrymore)那张敬畏的面孔。之后,他又制作出《黑客帝国》中的基努·里维斯(Keanu Reeves)的一个令人信服的仿制品——"天啊,这玩意太神奇了"。然后他为"充满神秘力量"的《黑客帝国》而兴高采烈,称卢克·天行者是"银河系的敬畏提供者"。在这里,迈克尔讲述了约瑟夫·坎贝尔[①]在神话中对敬畏指引下的英雄旅程的处理方式,这成为《星球大战》的灵感来源。对于电影如何记录敬畏,这真是一段令人目眩神迷的巡礼。

考古记录显示,我们从十万年前开始创作视觉艺术。起初是拿赭石颜料美化我们的身体,用装饰性的贝壳作为项链,以神圣的器物陪葬死者,最终在六万年前出现了主要存在于洞穴

---

① 美国作家,在比较神话学上颇有建树。

中的岩石和岩壁上的绘画与雕刻。如今，我们在视觉艺术中感受到的激情有很多，从美感到惊讶，从滑稽的荒谬到被嘲讽的感觉，不一而足。当你艰难地穿行于博物馆中，努力探寻艺术的意义时，也请不要忘记还有无聊这种感受。我们在此处面临的问题是，一幅画作、一座建筑的设计、一件纺织品或一部电影，是如何让我们感到敬畏的？

837号展厅里的生活模式

1977年，我们一家人要到英国诺丁汉度过大学教师的一年公休假，在跨过英吉利海峡之前，我们决定先去卢浮宫朝圣。当时的罗尔夫和我分别是十四岁和十五岁，我们在博物馆里疾速奔跑，用柯达拍立得给《蒙娜丽莎》不停地拍照。然而保安告诉我们要保持肃静，我必须承认，此时的我们并没有太多的敬畏。

在837号房间，情况发生了变化。父亲建议我们在荷兰大师的作品前驻足一分钟，特别是约翰内斯·维米尔①（Johannes Vermeer）、彼得·德·霍赫（Pieter de Hooch）和扬·斯廷（Jan Steen）。游客们簇拥在维米尔周围，用崇敬的语气轻轻地发出哦和啊的赞叹声。他的作品虽然明亮，但给我的印象却太过做

---

① 荷兰十七世纪中期杰出的风俗画家和代尔夫特风俗画派的代表人物，与哈尔斯、伦勃朗合称为荷兰三大画家。

作和刻板，对我这双十几岁的渴望找回野性的眼睛来说，有太多"形式的完美"。我被维米尔的前辈德·霍赫打动，用艺术史学家彼得·萨顿（Peter Sutton）的话来说，这是一位创作"悄然的革命性"作品的画家。

德·霍赫描绘的十七世纪代尔夫特的荷兰百姓的作品改变了我对世界的看法。这些画作中的人物大多是女性，她们做饭、洗衣服、养狗、扫地、抱孩子、从小孩头发里挑虱子、喂奶或品尝一杯啤酒。作为我们在美学敬畏上的引路人，苏珊·朗格为此提出一个假设：

或许是通过把控自己创造出来的元素，他发现了新的感受的可能性，奇怪的心绪，也许是一种更为专注的激情，超过他自己的气质所能创造的，或他的命运将召唤的激情。

德·霍赫的画作让我找到了"新的感受的可能性"，我从他作品里母亲对孩子的一瞥中感觉到一种道德之美。我可以从他的画作中感受到一种宏大的力量，那种在洗衣服或被晨曦触动而采取整齐划一的动作中将我们团结在一起的力量。尽管我在十五岁的大部分时间里都感到与周围世界的疏离，但终有一天，我也会和朋友们一起喝杯啤酒，体验崇高的群体感。德·霍赫让我看到了日常敬畏的概念。

2019年，我回到巴黎。参观卢浮宫时，我穿过那些在《蒙娜丽莎》前自拍的观众，发现自己又走进了 837 号展厅。我再次感到敬畏，这一次是面对德·霍赫于 1658 年创作的《饮酒者》。画面里，一个男子站在桌子旁，给一位年轻女子倒酒。她以轻松而自然的姿势接了过来，慵懒地伸展双腿。她的脸上洋溢着羞涩的微笑，双眼留意着可能发生的情况。桌子对面有个男人一边抽烟一边望向远处，站在旁边的老妇人将手按在自己的胸前。

我该怎样描述这幅画如何让我感到敬畏的呢？这是为什么呢？因为我用到的概念和语言可能无法充分表达视觉艺术给我们带来敬畏所涉及的直观和整体的过程。我们基于语言的那些关于头脑如何运行的理论，通常并不能成功解释我们的头脑究竟是如何运行的，因为头脑运行的许多层面都先于我们用语言提供的描述和解释而发生。神经科学有助于描述更多的潜意识过程。神经美学试图解释我们的大脑对艺术作品的反应，它在对大脑的研究中强调了视觉艺术让我们产生敬畏的四个过程。

想想上一次你遇到令你敬畏的视觉艺术，也许是一幅画、一张照片、一座寺庙的花纹雕刻、大教堂的拱形后殿和彩色玻璃窗，或者是一部电影中的高潮场面。当你看着这些视觉敬畏的源头，神经化学信号从你的视网膜转移到大脑后部的视觉皮层，它开始从线条角度、明暗构图、形状、纹理和颜色的早期迹象中建构基础的印象。在感知的最初阶段，艺术作品展露出我们此时可能还没有意识到的视觉模式，这就能引发敬畏的感受，从无家可归的流浪者脸上眼睛和嘴巴的人体几何结构，城市里建筑立面上的光影模式，或者是德·霍赫的画作中以整齐划一的动作谦卑地从事其日常活动的村民们。

接下来，这些神经化学信号将激活存储你对目标事物的看法的大脑区域。通过视觉技术，艺术家可以促使我们思考概念和观念，例如我们与生活奇迹的关系。在《饮酒者》的四个人物身上，周边环绕的光线会触发人们对太阳的温暖力量的思考，或是让人们想到时间如何随着光线在一天中的变化而永不停歇地流逝。

下一步，这种视觉艺术的神经化学表征会激活前扣带皮层和前岛叶等部位的神经元网络，它们会刺激你的身体，包括心脏、肺、肌肉群和免疫系统。在这一刻，视觉艺术可以唤起敬畏的直接躯体化的体验，所有这些都来自面对一幅往往有数百年历史的二维绘画或照片。

最后，神经化学信号到达前额叶皮层，在那里，我们用文字、概念、习得的解释、故事和有关社会生活的文化理论来为这件艺术品赋予意义。视觉艺术可以激发我们重新想象现实。它可以让我们接受一些新的想法，有关我们可以成为谁、我们的集体生活可能是什么样子，例如我们的性别认同和社会的组织形式。十五岁时观看德·霍赫的画作带来的敬畏体验让我心中产生一个想法，在我生命当中的那个阶段算是一个全新的想法，那就是体验日常敬畏的可能性。

在好的艺术中，存在如此多的机会抵达心灵中最高尚的地方。

神圣的几何

谈起敬畏，我先从本书开篇中的定义开始：在遇到超越我们对世界的理解的宏大神秘事物时，我们会感到敬畏。多年以来，经常有人提出一个疑问，我们很快就要讨论这个敏锐的问题：我们从微小事物上感受到的敬畏是怎样的？在显微镜下观察细胞时如何？或者芝加哥艺术学院的 68 间索恩微缩房间[①]如何？它们以惊人的细节描绘了十四世纪到二十世纪的家庭内饰，具体到从室外射进来充满房间的光线，每一间都在两英尺见方的空间内。或者扬·凡·艾克[②]（Jan Van Eyck）的近乎要用显微镜观察的笔触？这些微小敬畏的拥趸可能会引用威廉·布莱克[③]（William Blake）的"一粒沙子中的世界"或沃尔特·惠特曼从精神上对一片草地的致敬，并且交叉双臂，不羁地抬起他们的下巴。他们所感知到的是一些微小的敬畏。

---

① 该项目以其发起人 Narcissa Nidblack Thorne 的姓"索恩"命名。她从小就喜欢玩具房子，长大以后到处旅行，收集了很多微缩的家具和配饰。为了收藏这些东西，她在 20 世纪 30 年代开始设计并雇人建造微缩房间。
② 尼德兰画家，是早期尼德兰画派最伟大的画家之一，被誉为"油画之父"。
③ 英国第一位重要的浪漫主义诗人、版画家。

摄影师罗斯-林恩·费希尔（Rose-Lynn Fisher）记录了微观的敬畏。她多年来致力于拍摄蜜蜂眼睛的结构、蜂巢的构造、血液细胞和骨骼组织。她拍摄的眼泪照片感动了我。

罗斯-林恩小时候住在明尼苏达州，她对雪花的图案，对猫柳上浓密的软毛，对学校组织的参观科学与工业博物馆，对有关拼贴和马赛克的课程都感到敬畏。她察觉到图片、关系和深层的统一结构。罗斯-林恩反复提到"神圣的几何"，她援引了这样一个观点，即在看到世界的深层几何结构时，会有一种超验的，甚至是宗教般的感受。这种生命模式的几何图形，我们可以从象征性的音乐声中听到，从视觉艺术中看到。

当我到罗斯-林恩位于加州谢尔曼奥克斯的家中和工作室里拜访的时候，她对神圣几何的崇敬溢于言表。一张桌子上散落着各种形状和大小的岩石，她抓住几块，指着上面那些永久的图案，谈起关于地球地质演化的令人敬畏的视觉故事。走廊的梳妆台上摆着一座她在艺术学校时期的建筑模型，相互连接的平行四边形构成一座金字塔。从简单的几何形式中显现出惊人的复杂性。

卧室的墙上挂着罗斯-林恩三十多岁时的画作，以"解构消失点"为中心，这在文艺复兴时期的绘画中非常引人注目，例如大教堂或宫殿里面方格地板的汇聚线最终会消失在一点，这一点便是消失点。对罗斯-林恩来说，她画中的消失点指的是那种没有终点、没有内容，甚至并不存在的东西。听到她这样说，我对艺术中的视觉技术如何让我们理解一种敬畏的重要观念赞叹不已：在自我消解之外，是广阔与无限。

有一天，在准备开始工作时，罗斯-林恩在窗台上发现了一只死去的蜜蜂。她把它放在显微镜下，用显微镜头拍摄照片。这第一组照片收录在她的《蜜蜂》一书中。她给我看了这个系列中的一张照片，一只蜜蜂的眼睛。然后，她指向一张由大量闪闪发光的六边形组成的蜂巢结构的照片。

敬畏！

她告诉我："自然界中存在着超越物质形态的模式，它们的深层共鸣让我感觉到自己内心的黄金分割点。"罗斯-林恩接着反复说起六边形的神圣几何结构——它包含在大卫星[1]、土星上一片云的形状、北欧传统中哈格尔卢恩字母[2]和我们的DNA中。艺术让我们在看到统一的生命几何结构时感到敬畏。

有一天，罗斯-林恩接到一个电话，对方是她在20世纪70年代末留学欧洲时认识的一个男人的儿子。她在巴黎的时候

---

[1] 它是犹太教和犹太文化的标志。以色列建国后将大卫星放在以色列国旗上，因此大卫星也成了以色列的象征。

[2] 卢恩字母是中世纪北欧日耳曼语族的一种文字，虽然现在这种语言文字已经消失，但是它的一些字母仍然在装饰和文学艺术中大量应用。它的字母表中有24个字母，每8个一组分成三组，对应北欧神话中三个不同的神，其中第三组称为"哈格尔"，包括一个形状近似六边形的字母"*"。

出现了戈谢病[①]的急性发作，这是一种导致髋骨退化及其他问题的遗传性疾病。在戈谢病人体内，一种酶的缺乏会阻止某些细胞的完全分解，而导致它们在脾脏、肝脏和骨骼中积聚，造成严重的后果。她乘一趟夜车去佛罗伦萨，到那里的时候几乎难以行走了。她拨打一位朋友给她的电话号码，结识了帕特里克。他喂她喝了汤，抬着她穿过一个广场，让她至少可以看看乔托的壁画和米开朗琪罗的陵墓，并且把她送进了医院，从此开启了他们一生的友谊。听到帕特里克的儿子打来电话说自己的父亲已经去世，她忍不住潸然泪下。

于是，她把自己的眼泪放在载玻片上，开始拍照。在这一千多张照片中，有一百张呈现在她的《眼泪的地形》一书中。最开始的两张是《永恒的团聚之泪》和《悲伤与感激》。它们看起来像是航拍地图，对她来说，就是她情绪的地形图，是由静脉、毛细血管和细胞核等身体系统构成的抽象形态。其他照片的标题都是《无可辩驳》《终究无足轻重》《失去你的短暂时间（发生了故障）》《极限时刻的喜悦之泪》，等等。

罗斯-林恩解释道，眼泪的线条、形状、图案和流动揭示了她的感受中的神圣几何。这些图片将疼痛、感激、悲伤，以及敬畏的感受视觉化。通过对我们身体生理机能的三十多项测量，科学家可以模糊地指出大约二十种情绪的轮廓。通过她的摄影，

[①] 即葡糖脑苷脂病，是一种家族性糖脂代谢疾病，为染色体隐性遗传，是溶酶体沉积病中最常见的一种。

罗斯-林恩让我们看到，数百种复杂的感受都以眼泪的形式呈现出不同的神经化学特征。威廉·詹姆斯肯定会说一声"哇"。

看着罗斯-林恩拍摄的人类情绪之泪的照片，我被下面收录的这幅《依恋与释放之间的拉扯》惊呆了。在我看来，浅色的形状似乎从一开始就漂走了。悲伤来自依恋与释放的短暂思潮。

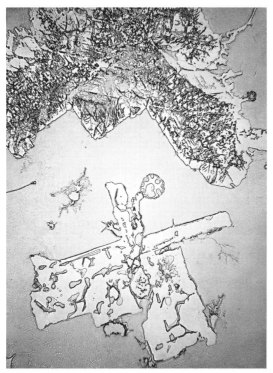

《依恋与释放之间的拉扯》——罗斯-林恩·费希尔

视觉艺术也保存了我们社会生活的几何结构。拉斐尔或达·芬奇对圣母与圣婴的描绘中父母和孩子之间爱的对称性，或者也是在卢浮宫 837 号展厅里看到的荷兰大师扬·斯廷的醉酒晚餐场景中的集体欢腾。巴西塞拉佩拉达金矿在鼎盛时期曾雇用了五万人，塞巴斯蒂昂·萨尔加多（Sebastião Salgado）在那里拍摄了很多整齐划一的劳作中汗流浃背、肌肉发达的躯体，刻画了建立在榨取基础上的资本主义的地狱般的极端恐怖，及其如何将个人的身心仅仅当作一种生产工具。

视觉艺术也让我们看到自然界的深层结构或神圣的几何图形。在十九世纪中叶，恩斯特·黑克尔[①]（Ernst Haeckel）科学地描述了四千多种单细胞原生生物。黑克尔还相信，他可以通过绘制他所研究的物种来揭示科学真相，并创作了一百幅插图，收录在 1904 年十卷出版的《自然界的艺术形态》（*Art Forms in Nature*）一书中。这本书里有一百多幅效果惊人的图片，包括水母、海葵、蛤蜊、沙钱、鱼，以及偶尔出现的昆虫。观看他的绘画是一种奇怪而美丽的顿悟，这些绘画以夸张的艺术细节揭示了每个物种的特征，让我们得以想象它们是如何以非常独特的方式适应和生存的。在惊叹于他笔下的物种所具有的对称性和几何结构的同时，黑克尔还让观众看到了不同物种之间的关联性，即生命所呈现的多样形态被某种生命力量或黑克尔所说的"艺术驱动力"所统一的。他的绘画让我们看

---

① 德国动物学家、进化论者、达尔文主义的支持者。

到了达尔文关于物种从早期原始形态进化而来的观点。

　　罗斯-林恩向我展示了最近拍摄的一系列照片，是从她自己的骨头碎片中提取出来的幽灵般的细胞。它们看上去如同无限性的标志——漂移，而在我看来，它们并没有意识到自己作为一组细胞中简单的基因变异产物，如何将复杂的痛苦、恐惧、洞察力和奇迹引入人类的生活。我们所有生活中的几何结构，我们遭遇过的创伤，或者你在浏览家族历史中可能感受到的诅咒、美丽、及其祝福，都存在于我们看不见的细胞形状和 DNA 的随机突变中。

　　谈话快结束时，我坐在客厅里靠近小桌子的地方，桌上散落着一些石头。罗斯-林恩在厨房里沏茶时喊道："太棒了，太可怕了。它们搭配在一起真是好极了。"

　　我们讨论了"敬畏"来自九世纪的词源，以及这个词的含义是如何变化的。

　　她继续说。

　　"太棒了，太可怕了……它们是我要与之和解的对象。"

　　对罗斯-林恩来说，"艺术是一种语言，它通过洞察力的闪现，揭示了蕴含在一个问题中的答案"。我们从艺术中看到了生命的模式，既有生也有死。在和解的那一刻，我们会考虑如何看待这种生与死的循环。

宏大神秘事物的暗示

我们默认的思维方式如此专注于独立性和竞争优势，不太适合理解宏大的事物。我们受到先验知识和对确定性的需求的引导，以至于逃避或搪塞生活的奥秘。然而，视觉艺术为我们理解宏大神秘事物提供了线索。

1729 年出生于都柏林的哲学家埃德蒙·伯克是这一观点的最佳向导。他在 1757 年出版的那本薄薄的《论崇高与美丽概念起源的哲学探究》应该是艺术、建筑、电影和设计学校的必读之书。

伯克那本薄薄的书让十八世纪的人们看到了日常的敬畏。他在书中详细介绍了我们是如何在形形色色的知觉体验中感受到敬畏的——雷声、阴影、道路上的光线图案，甚至还包括看到公牛而不是更加美丽而深情的母牛。毫无疑问，这本书有其怪异之处，伯克把视觉和听觉放在首位。按照他的说法，气味不能让我们感到敬畏。这种观点当然冒犯了我在徒步旅行中遇到的一位在香水行业工作的法国女性。最关键的是，有关我们对美丽和崇高的体验如何不同，伯克提出了他的想法。

对伯克来说，美的感受源自一种熟悉和喜爱的感觉，相比之下，敬畏则来自我们对强大、晦涩和令人畏惧的事物的认知。当前审美科学的研究也认可这种区别。我们对大小、空间、时间、物体、其他人和因果关系的默认期望让我们对世界的理解更为顺畅。当我们所遇到的事情与我们头脑中的默认期望一致时，我们会感到舒适和快乐。在对面部、气味、家具图片和日常场景的研究中，都有这一发现。

在视觉艺术中，我们喜欢并更加倾向于那些熟悉的、符合世界上的统计规律的场景，也就是我们的默认自我的视觉期望。我们喜欢置身于看似熟悉的地方，例如将对象放在一幅场景的中心。当属于天空的东西，比如鸟类，当它们高高翱翔而不是飞近地面时，我们会感觉愉快。我们更喜欢水平线，它反映了我们看待世界的方式，而发现水平线高于或低于通常情况时，我们就会感到不快。视觉艺术反映了我们通常是如何感知世界的，能给我们带来舒适，而且在审美情绪的领域中也陪伴着我们，给我们带来美感。

伯克继续说道，为了让视觉艺术激起人们的敬畏，它必须令我们想到宏大的神秘事物。其中一种途径是暗示出广泛的因果力量。教堂外立面上的雕刻，花园里长长的一排树木，军人墓地里的墓碑，这些可以大量感知到的东西都在暗示着影响我们的社会和自然生活的深层力量。例如，卡米尔·毕沙罗①（Camille Pissarro）的作品《蒙马特大道》中无数的行人、街灯和咖啡馆，这些都暗示了十九世纪末巴黎的变革性文化活力。

伯克观察到，简单的重复让人联想到以重复方式表现出来

---

① 法国印象派绘画大师。《蒙马特大道》是他的一幅著名作品，现收藏于俄罗斯的冬宫博物馆。

的巨大因果力量。譬如,海浪或山脉的图像暗示了海洋潮汐或地球的地质演化的巨大的统一力量。瑞典电影制作人米克尔·希·卡尔松(Mikel Cee Karlsson)依靠一些日常行为的长时间重复,像刷牙、抚摸伴侣的头发、腿的抖动、神经性的痉挛等,来强调那些组织我们的社会生活模式的惯例。

对伯克来说,光线和运动的模式可以集中我们的注意力。当艺术作品中的场景被伦勃朗画作中的光线、莫奈的《蒙托盖尔街的旗帜》(Rue Montorgueil with Flags)中感知到的运动,或者毕加索在蓝色时期[①]的普遍色调统一起来时,我们推断出有某种宏大的事物将图像中的对象联结在一起。

视觉艺术可以通过颠覆我们对时间的默认期望来激起敬畏,比如在电影中使用慢镜头,想一想马丁·斯科塞斯[②](Martin Scorsese)的《愤怒的公牛》。还有在空间上的颠覆,文森特·凡·高的作品《杏花》没有地平线或远景,纤细的树枝似乎延伸到了画作边缘以外,造成一种令人眩晕、迷失方向的效果。他为自己刚出生的侄子画了这幅画,用孩子的母亲、凡·高的弟妹乔安娜的话说,这幅画似乎令小文森特(Vincent)[③]"心醉神迷"。

[①] 指毕加索在 1900~1904 年大量使用蓝色作画的时期。

[②] 美国著名电影演员、编剧和导演,他在1980年执导的传记电影《愤怒的公牛》获得了第53届奥斯卡金像奖最佳导演提名。

[③] 凡·高的侄子也起名叫"文森特",与他本人的名字一样。

根据艾丽丝·默多克的观点，视觉艺术帮助我们超越了对现状的预期，不再局限于通过默认自我的视角来看待生活的普通方式。相反，通过对宏大与神秘事物的暗示，艺术让我们得以看到我们周边生活的深层结构，并将我们置于这些相互关联的模式当中。

直接感知

长期以来，人们一直认为视觉艺术能够带来新的"感受的可能性"，让我们可以透过情绪的镜头直接感知世界。看到二十世纪德国艺术家凯绥·珂勒惠支[1]（Käthe Kollwitz）所描绘的，在她失去了两个年幼孩子时的悲伤中，我们可以了解失去亲人的世界是什么样子的。吉姆·戈德堡[2]（Jim Goldberg）在《富人与穷人》中的照片让我们看到了边缘人群的生活及贫困生活中朴素的温情。罗思科[3]（Rothko）的画作能够唤起那种导致他在六十六岁时自杀的深度抑郁的思维模式。

对于俄罗斯画家瓦西里·康定斯基（Wassili Kandinsky）来说，视觉艺术的一个要点是通过这种情绪来唤起神秘感并

---

[1] 德国表现主义女版画家和雕塑家，二十世纪上半叶德国左派艺术家的代表人物之一。
[2] 美国摄影家，其作品主要关注边缘人群。
[3] 美国抽象派画家，抽象派运动早期领袖之一。

"保存灵魂"：

在伟大的艺术作品中，观众确实在自己身上感受到了相应的刺激……事实上，一幅画面的情绪可以加深和净化观众的情绪，这样的艺术作品至少可以使灵魂不会变得粗糙。可以说，它们将它"调高"到一定的高度，就像乐器琴弦的调音键。

视觉艺术对我们的敬畏体验进行了微调。把眼睛放在一幅来自墨西哥的维乔尔弦画①上，你会感觉到你正在产生幻觉。南非画家欧内斯特·曼科巴（Ernest Mancoba）的精神体验画作充满了神秘敬畏的明亮而超验的光芒，以及形态的相互关联性。柏林随处可见的街头艺术描绘了痴迷的舞者或古怪的梦幻般人物，可以让你通过敬畏的视角了解这座城市。亚历克斯·格雷②（Alex Grey）等迷幻艺术家试图捕捉在迷幻药带来的神秘时刻看世界是什么样的感觉。艺术是一扇感知的大门，可以作为敬畏的透镜。

视觉艺术如何带来对敬畏的直接感知，这个问题鼓舞着丽贝卡·斯通（Rebecca Stone）对中美洲艺术开展了四十年的研

---

① 维乔尔人是墨西哥的土著居民。弦画是一种用棉线或毛线蘸上颜料在纸上作出的画。
② 美国现代艺术家，现居纽约，擅长所谓的灵性绘画艺术。

究。她发表过的论文涉及安第斯地区纺织品、墨西哥墓葬雕像、印加农具上的雕刻、厄瓜多尔岩画和公元七到十一世纪秘鲁中部瓦里帝国的建筑。她将这些发现综合在她的《美洲虎的内在》(*The Jaguar Within*)一书中。在中美洲传统里,美洲虎是一种神圣的动物。

在许多中美洲文化里,视觉艺术保存了从一些人所谓的萨满教中逐渐形成的敬畏体验。通过使用药用植物、舞蹈、梦境和仪式,萨满能够让社群成员体验到神秘的敬畏。自我和他人之间的界限消失在这一过程中,人们获得一种相互依赖和接近了普遍的生命力量的感受,并感到与其他物种和超自然生物共有的一种意识。

这些经验被记录在吟诵和歌曲、仪式、有关植物和其他物种的力量的知识体系,以及视觉艺术和设计当中。雕刻、绘画、面具、编织篮子及小塑像装饰着公共和私人空间,它们的图案通过令人敬畏的起伏运动、螺旋、彩虹色和不同寻常的彩饰,激发我们去观看世界。不同类别的融合,人类和非人类的混合形象是一个常见的视觉主题,对默认期望构成了挑战。

观看艺术会激活大脑中的多巴胺网络。当绘画装饰在公共建筑和办公室的墙壁上,人们的头脑更容易接受奇迹,展现出更强的创造力、灵感、解决问题的能力,以及对他人观点的开放心态。艺术赋予我们圣徒倾向。一项涉及英国三万多人的研究令人印象深刻,从中发现,练习绘画和舞蹈等更多艺术技

我在柏林的一场敬畏行走中看到的街头艺术

巧，去博物馆或音乐演出观看更多艺术形式的人，更愿意在社区里参加志愿活动，而且在研究完成两年后捐出了更多的钱。

鼓励人们感受更多日常敬畏的视觉设计也有助于提升集体的健康与福祉。来自丹麦的一项新近研究发现，在医院的墙壁上悬挂绘画作品会让患者感到更有安全感，更愿意从病床上起来参与社交活动，也更乐于去了解自己的病情。一座从照片中判断为更能唤起视觉敬畏的城市中，即使考虑到收入和当地污染水平的不同，人们的身体状况也是更为健康的。城市拥有的步行通道，代表性的地标、广场和图书馆等公共建筑，这些设计元素将我们定位在城市社会生活的几何结构中，人们在这样的城市里感觉更加开放，并展示出更多的健康和幸福。只要靠近大教堂或走进小礼拜堂，人们就会表现出更多的合作意愿。基于敬畏的视觉设计让我们透过敬畏看待世界，我们的个体将置于更大的相互依赖的生活模式中。

震惊与敬畏

在俄亥俄州的童年时期，苏珊·克赖尔（Susan Crile）一家人喜欢去深海潜水。在水下那个超验的液体太空中，她发现崇高的事物漂浮在广阔的宁静之中，时间延长了，她看到了生命形态的模糊轮廓。她感受到了神秘，也感受到了平静。

这段回忆让我想起了她给我讲的另一个敬畏故事。当时她的家人在叙利亚沙漠的帐篷里和贝都因群体共进晚餐,天上的星星、热情的音乐、摇摆的身体、芳香的味道,所有这些都给她留下了深刻的印象,以至于她在纽约市的公寓里向我讲述这件事时仍禁不住热泪盈眶。

1991年,当乔治·H. W. 布什总统发起沙漠风暴行动时,苏珊感到怒不可遏。想到"智能炸弹"令她心烦意乱。"被杀害的都是些孩子和母亲。"她告诉我。历史建筑被摧毁。听着新闻里那些陈词滥调——"附带损害"和"精确打击",苏珊在她的工作室里踱来踱去。

而萨达姆·侯赛因放火焚烧了科威特的油田,这件事促使苏珊采取行动。她联系到负责扑灭这些大火的布茨和库茨有限公司(Boots&Coots),并设法前往科威特。在那里,她经过了刚刚作为交战地点的道路,看到了到处散落的儿童玩具、焚毁的坦克、烧焦的哨所和废弃的弹壳。滚烫的油湖散发出来的热量几乎把她击倒,天空笼罩在滚滚浓烟中,喷火般的轰鸣听起来像是死神的声音。后来,根据她拍摄的照片,她描绘出一幅幅世界末日般的场景,耀眼的火焰和巨大的黑烟,还有油池中令人眩晕的反射等现象,令人陷入迷惘。敬畏与恐惧交织在一起。

2001年9月11日,她穿过中央公园,去亨特学院①教授

---

① 指纽约市立大学亨特学院。

艺术课，身边经过满身灰尘、在惊惧中缓慢行走的人们，就像一场鬼魂的朝圣之旅。这一次，她根据视频作画。这些画作捕捉到了时间的膨胀、建筑倒塌的慢动作、大量的灰烬、不断有人从窗户里爬出来的曼哈顿建筑，许多人今天还能回忆起那个令人敬畏的时刻。

当阿布格莱布监狱折磨囚犯的照片发布出来时，她用一系列的绘画再现了这些照片，它们混合了恐惧、残忍、敬畏与同情，这种情绪的融合也是我第一次去拜访她的原因。在她位于曼哈顿上西区的公寓里，到处都是艺术书籍，一摞摞的图画堆在大桌子下面，铅笔、蜡笔和粉笔摆在托盘里，好像一盘沙拉。空气中弥漫着灰尘和艺术的气息，让我想起了童年的自己在父亲的工作室里度过的时光。

走进这间公寓，视野的中心是一个尺寸相当于一个大大的圣诞礼物的黑色匣子，高三英尺，宽两英尺。我们在关塔那摩湾连续数周将囚犯单独监禁的箱子就是这般大小。苏珊的黑匣子让你感受到被一种强大的力量所征服和困住。它让我不寒而栗，我的头脑开始对人类的恐惧感到惊异。我在那个空间里能坚持多久才会死？如果没死，我会想些什么？

苏珊的系列作品《阿布格莱布：权力的滥用》(*Abu Ghraib: Abuse of Power*)包含了各种画面：恶狗猛扑人的生殖器、失去知觉的肿胀面孔、囚犯在水箱里大口喘气、成堆的赤裸尸体。这些身体是一些简洁透明的轮廓，笼罩在一层光亮之中。有一个人被捆绑在黑匣子里，但看起来很顺从，甚至很平静。苏珊向我解释，她希望人们通过身体了解这种痛苦，感受同情。她翻阅了一本给她带来灵感的敬畏和恐惧的记录，戈雅的《战争的灾难》系列，八十二幅版画描绘了拿破仑帝国与西班牙交战期间的酷刑、杀戮、强奸以及饥荒和宗教裁判所。翻阅这些照片时，她指出了恐惧中那些同情的瞬间。

艺术创造出一个审美的距离，一个安全的空间，我们可以从中思考人类实施的恐怖行径。在相关研究中，当人们遇到阉割生殖器或性骚扰的图像，并被告知那是艺术品的时候，他们的大脑和身体中与压力相关的区域产生的反应比较少。在这种想象的安全空间里，我们可以自由地思考，以更广泛、更开放的方式思考这些行为是如何适应定义我们群体的道德框架的。我们怎么能把一个人放进圣诞礼物大小的匣子里呢？我们回到了罗伯特·哈斯（Robert Hass）有关诗歌、戏剧和文学如何保存敬畏和恐惧的论述中。我们还是在《舞论》的逻辑之中，艺术可以让我们一起思考恐惧，并想象由敬畏和奇迹所促成的社会变革。

莱达·拉莫斯（Leda Ramos）教给她那些来自工人阶级的拉丁裔和移民学生，艺术可以让你记录生活，并对社会的变革产生好奇。1957年，莱达的父母从萨尔瓦多移民到洛杉矶，落脚在回声公园[①]。在那里，她与巴西人、墨西哥人、尼加拉瓜

[①] 位于美国加州洛杉矶市中心的人口稠密地区，是一个有名的多元文化区域。

人、一位从俄克拉何马州乘坐科内斯托加大棚马车而来的老妇人，以及一位来自嬉皮士家庭的不穿胸罩的母亲一起长大。小时候，莱达对一种来自印度的卡罗姆棋的魔力感到敬畏，甚至自己做了一副，并把它放在后院杂草丛生的空地上。它将成为一个充满欢笑、调情、打闹和嬉戏的社区中心——供邻里孩子们玩耍的一个神圣的社会几何结构。

从事了高雅的博物馆工作以后，莱达选择了薪资不高的洛杉矶加州州立大学兼职教授的职位。在参观她位于洛杉矶银湖社区的工作室时，她指着一幅描绘她的移民故事的平面艺术作品给我看，其中包括她父亲"埃尔·伊霍"的形象，一片仙人掌，右上角有一架飞机。在这件作品的旁边，是莱达和她的学生们制作的一幅数字油画，复制了画家朱迪·巴卡（Judy Baca）为中美洲资源中心创作的壁画《金色人民的迁徙》，其描绘的场景包括激进分子里戈韦塔·门楚[①]（Rigoberta Menchú）、因田间劳作而面容干瘪的农场工人的游行、警察在一个小村庄的土路上殴打非暴力抗议者，还有郁郁葱葱的中美洲风景。

莱达糅合了中美洲和墨西哥裔美国人的政治艺术传统，其中的公共艺术，如壁画、绘画、海报，还有今天的T恤衫，以及人们粘在笔记本电脑外壳或街道标识上的贴纸，都记录并唤起我们对道德伤害的记忆。这一传统中最著名的当属迭戈·里

[①] 危地马拉基切族原住民，一直致力于宣传危地马拉内战期间和之后该国原住民的困境，并促进原住民的权利，于1992年获得诺贝尔和平奖。

维拉①（Diego Rivera），但是让莱达感受到敬畏的是戴维·阿尔法罗·西凯罗斯②（David Alfaro Siqueiros），他从墨西哥被请到洛杉矶教授壁画运动，并绘制了《热带美洲：被帝国主义压迫和摧毁》，描绘了资本主义针对移民的残暴。实际上，它曾被洛杉矶市议会粉刷覆盖，最终被保罗盖蒂博物馆①找回并修复。

作为加州州立大学洛杉矶分校墨西哥裔和拉美裔美国人研究部成立五十周年纪念的一部分，在该校图书馆举办了《中美洲家庭：网络与文化抵抗》的展览。莱达详细讲解了她为这次展览创作的艺术品。她的作品中有戴着帽子穿着长袍的拉丁裔人和幽灵般披着被单的人在抗议危地马拉独裁者埃弗拉因·里奥斯·蒙特④（Efraín Ríos Montt），还有她的家人移民到美国的画面，以及孙普尔电台的一座广播发射塔，它播出的音乐和故事警告萨尔瓦多人附近有美国训练的处决小队。1962年，多洛雷丝·韦尔塔（Dolores Huerta）与塞萨尔·查韦斯（Cesar Chavez）一起创立美国农业工人联合会，并在当天发表了主旨演讲。莱达的作品就在附近的墙上。韦尔塔以下面这段话结束

---

① 墨西哥著名画家，二十世纪最负盛名的壁画家之一，被视为墨西哥国宝级人物。

② 墨西哥画家，他在1920年底与里维拉和奥罗斯科共同发起了墨西哥壁画运动。

① 位于加州洛杉矶的一家艺术博物馆。

④ 他在1982年作为危地马拉独裁者的十七个月间，对该国土著玛雅人犯下种族灭绝罪和危害人类罪。

了她的演讲:

当我们谈论我们的历史时,我们谈论的是美利坚合众国的历史……现在轮到我们了,这是我们的机遇。因此,让我们通过创造更多历史来致敬墨西哥裔美国人研究。

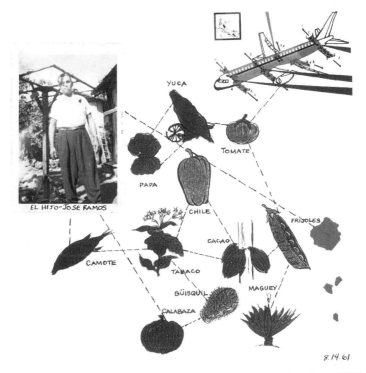

《现代玛雅-皮皮人的轮回》(*Transmigración del moderno Maya-Pipil*, 1997),绘制在蓝图纸上的混合介质。该作品由艺术家莱达·拉莫斯创作,收藏在莱达·拉莫斯系列藏品中。现保存于中美洲历史记忆档案馆,加州州立大学洛杉矶分校图书馆。

关于她那天的作品,莱达告诉我:"当我向多洛雷丝·韦尔塔致敬时,我是在向我的萨尔瓦多母亲和我的原住民祖先致敬。"

视觉艺术不仅让我们感到敬畏,它还可以改变历史。有研究称,我们发现从某种传统,比如现实主义,发展到另一种传统的艺术,以及偏离了当时的艺术常规并以新的形式震撼我们的艺术,它们是更为强大的。无论视觉艺术、《纽约时报》的故事、音乐,还是都市传奇,更令人惊讶和敬畏的文化形式都更有可能得到数字化的分享,进而改变我们对世界的看法。苏珊·克赖尔的艺术作品记录下酷刑的恐怖。在莱达·拉莫斯的艺术品和教学中,她和她的学生所保存的是,在殖民主义、暴力、抗议和变革的历史上,移民在一段政治叙事中所处的位置。我们对这种被征服的生活模式感到震惊与敬畏,并想要探究我们可以做些什么来结束这种压迫。

一种视觉敬畏的生活

作为最具有文化属性的灵长类动物,人类在进化过程中对视觉艺术的敬畏已经持续了几万年。我们在创造和欣赏方面的审美能力使我们能够理解自然和社会领域的几何学,并以更大的智慧驾驭这些领域。纵观历史,激起敬畏的视觉艺术让我们发现了我们共同创造的持续变化的生命奥秘的线索。视觉艺术容许我们直接体验敬畏,并享受它给个人和集体带来的益处。在通过改变思想和历史来促进文化演变的过程中,视觉艺术令人们震惊与敬畏,并以新的方式看待世界。这些主题贯穿了史蒂文·斯皮尔伯格在他的视觉敬畏生活中为我们分享的一系列故事。

斯皮尔伯格和他的妻子凯特·卡普肖(Kate Capshaw)在洛杉矶举办了一个关于技术和社会进步的小型聚会,我很幸运地受邀出席。轮到我演讲时,我谈到了如何根据寒战、流泪、交感神经、声音和面部以及默认模式网络来衡量敬畏,以及敬畏如何使我们产生好奇和圣徒倾向。在我说起寒战时,史蒂文举起了手。我暂停了我的演示,以一个略显慌乱的动作请他发言。他讲述道,看到自己的孙子出生时,凯特坐在地板上,靠着他的腿,他在那个时候感到了敬畏。

当夜晚些时候,出去吃饭时,我正好坐在史蒂文和凯特的旁边。他们讲起了自己的电影和绘画事业,讲起史蒂文在2021年刚刚完成的一部翻拍片《西区故事》(*West Side Story*),讲起柯克·道格拉斯(Kirk Douglas)的葬礼——他过去经常光顾史蒂文的母亲在洛杉矶的餐厅并与她调情,还有《辛德勒的名单》片场的哭声是如此强烈,以至于有位女演员经过三天的医疗干预后才从对这场恐怖大屠杀的令人敬畏的再现中恢复过来。

我问道:

史蒂文，对于小时候的你，敬畏是什么样子的？

他毫不犹豫地回忆起五岁时看过的第一部电影。他的父亲是一名参与过发明计算机的工程师，那天带着儿子从新泽西州卡姆登的家来到费城的一座剧院。当他们在剧院的砖墙旁排着长长的队伍时，年幼的史蒂文紧紧抓住父亲的大手，以为他们是要去看马戏团表演。但他们看的却是塞西尔·B. 德米尔①（Cecil B. DeMille）1952 年拍摄的《大马戏团》。在经历了一阵失望之后，史蒂文开始关注这部电影的粗糙画面。两列火车在铁道上飞驰，一辆汽车里的角色驾车跟在旁边，试图提醒他们，但是没有成功。火车相撞，车厢散落各处，尸体飞向空中。年幼的史蒂文感到时间仿佛停止了，惊叹不已，敬畏不已。

回到家里，史蒂文开始猛撞他的玩具火车的车厢，让父亲不得不一次次地修理，所以父亲让史蒂文借来家用摄像机，用它来拍摄一百多辆玩具火车的残骸。在这个想象的王国里，并没有出现任何破坏，只有遭到虚构的破坏的神圣几何。

一天晚上，父亲把他叫起来塞进车里。他们去了一片野地，躺在毯子上。一阵流星雨划过天空。史蒂文回忆起那些光线、漫天的星星、辽阔的夜空，还有他以直视或斜视的角度进

---

① 美国著名演员、导演，《大马戏团》是他导演的一部重要作品，由派拉蒙公司出品。

行观察的不同体验，也就是转瞬即逝的恒星敬畏的各种模式。

这正是他在《E.T.外星人》和《第三类接触》[①]中希望带给他人的生命奇迹。

当史蒂文索要晚餐账单时，他总结了为什么自己仍然会去看电影，仍然要为别人拍电影：

在敬畏中，我们都是平等的。

---

① 斯皮尔伯格在1977年拍摄的一部外星人题材的科幻影片。

第九章

至关重要的神秘力量

精神生活如何从敬畏中成长

当躺在那里思考我的愿景时,我可以再次看到那一切,并感受到它的意义,与此同时,一部分的我就像一种奇怪的能量在我体内发光,而当说话的那一部分我努力表达这种意义时,它却像雾一样从我身边飘走。

——布莱克·埃尔克①

是主在召唤我。我总是对他说:"我信任你。我不知道去往哪里,去做什么,但我希望你能引领我。"而他从未让我失望。

——哈莉雅特·塔布曼②

珍妮弗·贝利(Jennifer Bailey),即今天为人熟知的珍牧师,在俄亥俄州的一个白人小镇长大,她在五岁时第一次感

---

① 美国原住民苏族印第安人的一个著名首领。
② 杰出的黑人废奴主义运动家,本身作为一名逃亡奴隶的她帮助了许多黑奴逃亡,被誉为"黑摩西"或"摩西祖母"。

受到种族主义的威胁。当她从公园里的滑梯上跳下来时，一个同学问：为什么你的脸那么脏？她跑进了贝塞尔非洲人美以美会①教堂，在那个安静的空间里好像感受到了接纳。几年后，在同一座教堂里，她听到奥利弗修女演奏管风琴，感受像羊绒毯一样的神圣声音。从这些体验中，她悟出了一个伟大的想法：

我是上帝眼中的至爱。

青少年时期，贝利曾为穷人和无家可归者服务。在神学院，她从莱因霍尔德·尼布尔②（Reinhold Niebuhr）等学者那里获得了灵感，但是将基督教转变为更具包容性和多样化的信仰令她激动不已。今天，她的组织"信仰如此重要"平台聚集了成千上万的人讨论有关精神、信仰、灵魂与神性的问题。她穿着紧身牛仔裤上台布道，同时引用碧昂斯和《圣经》及其他神圣文本。

我们在一段令人担忧的时期通了电话，她怀孕了，而新冠肺炎正在席卷纽约，事实证明疫情对有色人种来说尤为致命。在我们谈话的开始，珍牧师盘点了当下的宗教倾向。不信教人

---

① 美以美会是1844年至1939年在美国北方的卫理公会所使用的宗派名称，该会属于基督教新教的一个较大的宗派——卫斯理宗（又称循道宗）。

② 二十世纪美国最著名的神学家、思想家。

士的数量正在增加，尤其是像她这样三十多岁的人。他们没有定期地去教堂，不遵循任何一条教义，也不认同任何一种宗教。这是一个宗教无家可归者日益增加的时代。同时，今天的人们又具有深刻的精神追求。自人类诞生以来，情况便一直如此，因为与神交流是人类普遍存在的深层次需求。三分之二的美国年轻人和 90% 的美洲人相信上帝，相信某种神灵或宏大力量让他们的生命历程生机勃勃，相信有一种灵魂的存在超越了肉体的生命。

当我问珍牧师她从哪里找到了神秘的敬畏时，她的回答脱口而出：非洲裔美国女性的力量和勇气。她的祖母逃离了 20 世纪 50 年代歧视黑人的南方发生的恐怖主义、私刑和种族隔离场所。她的母亲在芝加哥长大，是 20 世纪 60 年代第一个混合高中班的学生。想到这些女性，珍牧师放慢了节奏。她提及种族主义的创伤如何在对我们身体细胞造成伤害的过程中发生了代际传承。她对过去和现在的非洲裔美国妇女如何克服困难表达了敬意。她说她们是从精神上做到的，她们是在厨房里找到了这种精神，在讲故事、大笑、唱歌和跳舞，以及教堂中找到了这种精神。在那里，在充满深情的群体中，就像她的一位祖母喜欢说的那样，她们"将不可能变成可能"。

支撑这些女性的正是信仰，对上帝的信仰，对爱、正义和希望的信仰。今天，她在朗诵活动上、咖啡店里、即兴表演中、音乐里和餐桌上都感受到了这种精神。在近来的"模拟死亡"现场[①]，她引发了对警察暴行的关注。她觉得自己得到了精神的引导，就像哈莉雅特·塔布曼率领奴隶走向自由一样。

当敬畏故事讲到这里时，珍牧师停了下来。短暂的沉默后，她反思道："我想我是在为宗教堆肥。"

几千年来，我们仰赖于自然式隐喻描述神秘敬畏，也就是和我们称之为神圣事物相遇的感受，认为自己是最初的、真实的、美好的、无所不在的感受。例如，在一些土著传统、印度教和道教中，援用太阳、天空、光、火、河流、海洋、山脉和峡谷的形象和象征来解释神性。下面是老子描述的"道"，即至关重要的生命力量，或"途径"：

> 上善若水。水善利万物而不争，处众人之所恶，故几于道。

珍牧师"为宗教堆肥"的比喻可能对我们二十一世纪的有机农场、城市花园、植物性饮食和农贸市场有着特别的感觉。然而，堆肥已有数千年历史。堆肥的时候，我们收集食物残渣、杂草、树叶、动物粪便等原材料，堆积在一处让它们腐败。随着时间的推移，微生物、细菌、真菌和蠕虫会将这些原料分解，消耗掉有毒物质并提炼出腐殖质，一种无固定形状

[①] 因弗洛伊德事件而在美国兴起的抗议警察暴行的群众活动，人们躺在地上模拟受害者。

的、气味发甜、果冻状的，由植物、动物和微生物组成的黑色混合物。腐殖质中的氮元素被植物的根吸收，滋养了生命。

珍牧师的堆肥比喻表明，神秘的敬畏遵循着一种腐败、提炼和成长的模式。这似乎契合了她自己的人生故事，打破了基督教的性别歧视和殖民主义体系，提炼出她在对非洲裔美国女性的信仰中发现的一种精神，并与其他神职人员一起生出神秘的感受。我们自己的神秘敬畏体验，如果你愿意的话，也可以说是精神体验，或许它遵循着默认自我对世界的先入之见的腐败模式，其结果就是提炼出一些非常重要的感受，这些感受让我们自己的精神信仰和实践得以增长。也许今天活跃的4200种宗教也都在做着同样的事情，随着文化和人类的发展，它们在一个腐败、提炼和成长的过程中发生着变化。

精神的腐殖质

马尔科姆·克莱门斯·扬（Malcolm Clemens Young）上六年级时，他和他的同学前往俄勒冈州的阿什兰观看了几部莎士比亚戏剧。晚上，他们在外露营。一天凌晨四点钟，马尔科姆醒来，到帐篷外闲逛。在这安静的时刻，他被附近湖面上的月光图案所震撼。回忆起这件事的时候，马尔科姆告诉我，他在那个自然敬畏的时刻想到的是："是什么创造出如此美丽的景象？"一种他"随时能感受到"的美，感觉就像是"来自上帝的非凡礼物"。

十几岁时，马尔科姆多次阅读《薄伽梵歌》①、佛经、梭罗和爱默生以及《圣经》。大学毕业后，他对作为财务顾问的工作并不满意，因而入读了哈佛神学院。他告诉我，在马萨诸塞州剑桥市，他住的房子距离 1838 年 7 月 15 日拉尔夫·沃尔多·爱默生在哈佛神学院发表历史性演讲的地方不远。面对聚集在一起的少数教职工，爱默生规劝他们任由宗教教义去腐败，转而寻找他们自己提炼出来的神秘敬畏的体验：

> 对这种万法之法的认知（对爱默生来说，那是一种仁慈的生命力量，它统一了所有的生命形态）唤醒了我们心中的一种情感，我们称之为宗教情感，它为我们创造了最大的幸福。奇妙的是它的魅力和控制力。它是一种山间的空气，它是这个世界的防腐剂。它是没药和苏合香，也是氯气和迷迭香。它使天空和群山变得崇高，它就是星辰的无声之歌。正是通过它，而非科学或力量，宇宙才变得安全和宜居。思想在事物中的作用可能是冷酷而一成不变的，并且找不到尽头或统一；但内心中道德情感的曙光，给予并保证了这种法则对万物都是至高无上的。世界，时间，空间，永恒，似乎都迸发出快乐。

---

① 印度古代宗教和文学名著，也是古代印度经典史诗《摩诃婆罗多》中最精彩的哲理插话和印度教最负盛名的经典。

对爱默生来说，神秘的敬畏与大自然——山间的空气、迷迭香的香味、山峦和星辰的歌声——交织在一起。它像从树上提取用作香料和药物的没药一样具有疗愈作用。它是美德的起源，而不只是冷冰冰的思想或科学。它是通向我们幸福的一条路径，这种幸福感融入了比自我更宏大的某种东西当中。

马尔科姆成为格雷斯大教堂的教长，这座教堂庄严地耸立在旧金山的俄罗斯山的最高处。午饭时，我询问马尔科姆早年的敬畏体验，希望能瞥见一个受到精神启发的孩子，听到一个年轻神秘主义者的梦中幻觉，抑或是召唤或预感。在他描述了他的湖边经历后，他笑了笑，并告诉我有关他在一次临时组织起来的篮球比赛中的首次扣篮。

然后，他的讲述便倾泻而出：在他长大的加州戴维斯的乡村散步，夜晚辽阔天空下的公路，暴风雨天气袭击了中央山谷①的平坦农田，爱默生的哈佛神学院演讲，以及当时那一天里的敬畏时刻，包括祈祷、冲浪、骑自行车去格雷斯大教堂、《圣经》中的段落、以千变万化的几何形状笼罩旧金山的变幻不定的雾气。

我问马尔科姆，从事一个以神秘敬畏为基点的职业是什么感觉。他回答说，真正让他感兴趣的并不是证据、教条、定义或"有没有上帝""有没有灵魂""什么是罪恶"这一类术语的

---

① 位于加州中部地带，是重要的农作物产区。

语义之争。他用手指向外指着我们周围的某种空旷感，说道：

> 我可以在人们生命中最温馨的时刻与他们在一起。当有人死去，或婴儿降生。或者我站在祭坛上的两个人身边。我说这就是上帝，就在这里，围绕在我们身边。
>
> 我的上一次布道有关思想上的去殖民化，是为了向肯尼亚作家恩古吉·瓦·提安哥表示敬意。我们经历了殖民主义和奴隶制的历史，这些历史根植于我们的脑海。几十年来，同性恋者一直感受到这种自我谴责。这是多么的羞耻。但是人并无好坏之分，那就是历史赋予我们的。
>
> 在我那次演讲之后的星期天，一位八十高龄的老人哭着来到我的面前。他拥抱了我。
>
> 那便是敬畏。

在马尔科姆的牧师生涯中的这一刻，我们看到了腐败——打破殖民主义和恐同信仰的遗产，提炼——令老人家泪流满面的感受，和成长——拥抱这种最简单的相互关联性的扩展。

高中和大学的时候，马尔科姆总是将威廉·詹姆斯的《宗教体验的多样性》(*The Varieties of Religious Experience*)夹在胳膊下随身携带，这给了朋友们充分的理由嘲笑他。马尔科姆·克莱门斯·扬是在为威廉·詹姆斯在一百二十年前的神秘敬畏体验进行堆肥。

詹姆斯出生于十九世纪的一个纽约家庭，他有足够的财富与自由精神去漫游和探索。小时候，他和家人住在欧洲，到十八岁时开始学习艺术。伴随着这些特权，詹姆斯也遭受了各种焦虑的折磨，恐慌、自我怀疑，普遍性的焦虑，还有一种幽闭恐惧症，这些导致除非百叶窗开启到合适的程度，否则他就会感到不安。二十几岁的时候，詹姆斯饱受严重抑郁症的困扰，打算自杀。

詹姆斯开始了一生的探索，为了他所谓的至关重要的宇宙神秘力量，或神秘敬畏：

这感觉像是一场战斗，仿佛宇宙中存在某种野性的东西，需要我们以所有的理想和忠实去找回。

对詹姆斯来说，还有一种神秘敬畏需要他去体验，它是野性的，超越了默认自我的想法和社会的现实状况。

为了寻找这种"宇宙中的野性"，詹姆斯聆听了唯灵论者的巡回演讲，也参加了通灵活动。在业余哲学家本杰明·保罗·布拉德（Benjamin Paul Blood）的鼓励下，詹姆斯尝试了笑气①。这种药物能激活与类阿片类物质相关的系统，产生相融

---

① 即一氧化二氮，作为一种无色有甜味气体的危险化学品，具有轻微麻醉作用，并能致人发笑。

的感觉和一种简称为 GABA[①] 的激活思维的神经递质。在一阵笑气带来的极度兴奋中，詹姆斯大喊：噢，我的上帝，噢，上帝！噢，上帝！他的默认自我的焦虑正在腐败。他利用言辞的"破烂碎片"描述了提炼出的"比言语更深刻的思想"。通过我们今天看牙医时用到的一种药物，他找到了神秘的敬畏。

这些体验促使詹姆斯搜集和整理敬畏的故事。他编纂了与上帝相遇的个人记述，很多都是难以解释的，有时甚至是异乎寻常的故事，来自牧师、托尔斯泰和惠特曼之类的作家、熟人和普通市民。他在 1901 年和 1902 年苏格兰爱丁堡举行的吉福德讲座[②]上发表自己的看法，并根据这些讲话出版了《宗教体验的多样性》，成为二十世纪最具革命性的宗教书籍，也是当今宗教研究者的一块试金石。

在这本书里，詹姆斯将宗教定义为"人们在独处状态中的感受、行为和体验，前提是他们认识到自己与任何他们认为神圣的事物相关。"宗教是关乎我们与神相联系的体验，詹姆斯将其描述为宏大的、原始的和包容的。我们几乎可以在任何环境下找到这类感受，幸福、无边的爱、恩宠、惊恐、绝望、怀疑、困惑和神秘敬畏。在印度教、佛教、犹太教、耆那教[③]、多

[①] 指"γ-氨基丁酸"，作为一种氨基酸，这种化合物在脊椎动物、植物和微生物中广泛存在，是一种重要的中枢神经系统抑制性神经递质。

[②] 根据吉福德勋爵亚当·吉福德的意愿，于1887年在英国爱丁堡大学创立的一个年度系列讲座。

[③] 古印度的一种宗教，兴起于公元前六世纪，具有独立的信仰和哲学。

种形式的基督教、伊斯兰教、苏非主义①等所有宗教中，在自然界中，在音乐中，在思想中，甚至在我们摄入体内的化学物质中。他的论点是一种激进的多元主义，通往神秘敬畏的道路几乎是无限的。这就是日常的神秘敬畏。

就在一百多年以后，一门新的宗教科学开始以这种最复杂的文化形态本身，聚焦于有关上帝的信仰、典礼和仪式、教条与解读，以及宗教的历史演化。还有威廉·詹姆斯和我们所关注的神秘敬畏。

神秘敬畏通常源于超越默认自我的期望的莫名体验。像詹姆斯的笑气或珍牧师第一次进入教堂的神圣空间的体验。或者对马克·吐温来说，是他梦见自己弟弟去世，而两周后，他的弟弟真的死于一次内河船只事故，且就像梦中那样，穿着吐温的西装下葬。或者是难以名状的幻觉，譬如十九世纪时住在法国卢尔德附近的一个极度贫困的女孩贝尔纳黛特，她在一个黑暗的洞穴中看到了十八个圣母马利亚的幻象，引领着她发现了一处泉水，此处泉水具有疗愈效果，如今每年有五百万人前往卢尔德朝圣，希望用这种水治病。在问卷调查中，大多数人报告说，他们有过这种莫名其妙的、非同寻常的经历，曾感觉到上帝或神灵的存在，或听到了上帝的声音，或感受到在神圣力量的引导下命运发生了明显的转折。在我悲痛的最初几个月

---

① 伊斯兰教神秘主义，起源于禁欲主义。"苏非"一词的阿拉伯语原意为羊毛，因信奉者身穿羊毛褐衫而得名。

里，两次不同的场合中，我清晰地感觉到罗尔夫的大手放在我的后背上。

像这样的神秘体验需要解释，我们的大脑不愿接受无法解释的东西。这种解释的偏好在不同的文化中产生了关于疾病、躯体化感觉、声音和视觉以及梦境或幻觉之类的神秘意识形式的精神信仰系统。举例来说，在日本被统称为"妖怪"的鬼、恶魔、妖精和精灵的众多传说，以超自然的形式提供了不断变化的、非常本地化的解释，可以搞清楚莫名其妙的声音、光线、自然事件、身体状态或在黑暗中被注视的感觉。

这一命题是宗教和精神性的科学研究的核心，我们依靠古老的认知系统将特别的体验转化为有关神的信仰、想象、描述和故事。我们将不寻常的经历归于一个非凡的行为者，也就是一个或多个神的意图和行为。一场地震就变成了一个神在摇晃地球，癌症的缓解是上帝的干预。十岁的马尔科姆·克莱门斯·扬被野性的敬畏打动，觉得是上帝赐予他湖面上的月光美景。

我们的感官系统将莫名的体验形塑成可感知的超自然形式。当我们身处黑暗中，或者看着云朵，或者盯着树上盘旋的树皮线条，或者惊叹于岩石中的地质图案，我们大脑的某些区域可能会引导我们去感知那些不存在的面孔，而这些面孔被我们视为上帝的形象。我们对听到人类声音的根深蒂固的倾向可能会引导我们在异常的狂风或可怕的雷雨中听到上帝的声音。当独自待在一个诡异陌生的地方，最有可能是在黄昏或黑暗中，我们可能会感觉到被上帝看到、触摸，甚至拥抱，这是我们古老的与依恋相关的触觉系统激活的表现。从神秘的体验中，我们的大脑构建出一种感觉，上帝，作为一个全能的存在，注视着我们，倾听着我们，对我们说话，拥抱着我们。

随着神秘敬畏的展开，默认自我逐渐消解，这是自我意识的一种转变，威廉·詹姆斯称之为"屈从"。这一点已经在某些研究中发现，这些研究以不同的方式引导人们感受神秘敬畏，并通过测量大脑的反应来观察默认模式网络的激活。这些研究发现，当加尔默罗会①修女回忆起一段神秘的经历，笃信宗教的人在实验室里祈祷，具有宗教倾向的人思考神性，或冥想者进行沉思练习时，默认模式网络就会平静下来。神秘体验不仅使默认模式网络停止工作，还能激活涉及快乐和幸福体验的皮层区域。当神秘敬畏突然降临时，我们可能会出现鸡皮疙瘩、流泪、颤抖或摇晃。我们会鞠躬或抬头，向天空伸出双臂，作为寻求接纳的表示。有时，我们甚至会喊出或悄悄地说出"喔"或"哇"，它们是神圣的声音"噢姆"的近亲。

这种神秘敬畏的体验，这种精神的腐殖质，深受当时的文化、历史、地点和观念的影响。地理景观和本地动植物会影响到我们借以描述神秘敬畏的隐喻、形象和信仰。富士山的威严

---

① 又称"圣衣会"或"迦密会"，是天主教托钵修会之一，十二世纪中叶创建于巴勒斯坦的加尔默罗山，十六世纪重整复兴。

催生了一个膜拜它的佛教派别，形塑了这一精神团体的实践和信仰。对于得到详细记录的一个名叫奥阿的伊格鲁利克因纽特人的神秘体验，带来很大影响的是他所在的冰冷贫瘠的自然环境，以及食物匮乏所造成的对其他动物的尊崇。

阿西西的圣方济各的神秘体验产生于十三世纪人们痴迷于圣痕的背景下。圣痕就是身体上的伤口，类似于基督在十字架上受到的创伤。在斋戒期间，圣方济各看到一个手脚上有圣痕的天使，而在自己手脚的皮肤上也看到类似的血迹。这异乎寻常的幻觉让他体验到一种神秘的敬畏，并从中感觉自己正在与十字架上的耶稣融合。不过，有人也想搞清楚这是否与当时在意大利流行的疟疾有关，因为疟疾的症状之一就是皮肤出血。神秘敬畏受到当时的有关自我、社会和身体的概念的影响。

神秘敬畏的文化演变中注入了科学技术的进步。今天，许多人以能量、场、纠缠和振动的模式，这些爱因斯坦和量子物理带给我们的概念，来思考他们的灵魂。也许我们的灵魂是一个"量子的自我"，一种从构成我们身体的细胞中散发出来的能量振动模式，一种起源于宇宙大爆炸的，在我们死后仍然存在的能量。在某些形式的基督教周日讲坛上，在正念运动和以利润为导向的迷幻静修中，可以听到有关自由市场、选择和与神秘敬畏相关的享乐主义的经济学观点。神秘敬畏总是在我们已知事物的腐败和新事物的成长中进行堆肥。

明智的安排

异乎寻常的体验,以及我们提炼它们的方式,可以催生新的精神信仰与实践。从神秘敬畏中生出有关上帝的表现形式、图像、符号、音乐和故事。

尤里娅·塞利德温对此有直观的了解。她是土生土长的纳瓦人,在墨西哥的恰帕斯州长大,父亲是墨西哥的一位著名诗人,母亲是临床心理学教授。尤里娅八岁时,她的母亲被一个十几岁的司机撞死,令家人悲痛万分。祖母塞莉纳带她去了恰帕斯州的葱郁森林。那里是世界上最具生物多样性的地方,美洲虎漫游其中,享有神圣的地位。她告诉我,祖母让她对森林中"成长"与"呼吸"的歌声产生了神秘的敬畏。

在十几、二十几岁的时候,尤里娅在墨西哥城陷入了一次囊括音乐、深夜、狂野聚会和毒品的艺术场景。有一天晚上,她差点死了。对濒死体验的研究发现,这种体验也遵循着神秘敬畏与腐败、提炼和成长的模式。仔细阅读尤里娅的敬畏故事,便会注意到她对所发生的事情的回忆中提到的宏大与神秘——"漆黑一片""天空打开",寒战——"照亮我躯体的是闪电",威胁——"成群的火蚁",以及消融的自我——"我变成了水"。下面是她的故事开篇。

我昏了过去……

脚下的大地破裂开来——漆黑一片。

头顶的天空打开——纯净清明。

巨大的不自主运动将我摇撼。

闪电照亮我的躯体。

成群的火蚁、马陆、蠕虫、小小的蟑螂……

地下的生物爬过我的身边。

光亮在我眼皮下跳舞，

它流动着……一直在变。

我的身体也失去了形态，

我变成了水。

我的四肢仿佛被大地吞噬，

我感觉不到自己的身体。

一种尖厉刺耳的声音响彻耳畔。

水在蒸发。

干渴从我的舌尖吸走水分。

我感到刺骨的寒冷，将我撕成一片片。

尤里娅恢复了知觉，但无法移动双腿。朋友们听不清她说的是什么，急忙把她送进医院。在那里，她再次失去了意识，飘到一个有着不同的空间、时间和因果关系法则的世界。

我的双眼消融于浓烟。

我跌进浓浓的迷雾中。
我要隐入空间，
当我进入急诊室，身体已毫无反应。
发达国家的急诊室竟人员不整，堪称奇幻。
似乎无人注意到我有了知觉。
我的躯体上方似有一只睁开的眼，
看到了护士、医生与幽灵。
还远远地看到了我的父母，几位亲戚与友人。
他们怎知我在这里。
更无人听见。
又忆起一些生活碎片，
仿佛投射在心底那块屏幕上的几个快捷键。
护士褪去我的衣衫，
换来一个外科手环。
我几乎听见他们的思想，在讲话之前。
他们说："没有生命迹象，她已经走了。"
但是我尚未长眠！
我在这里……
我在这里吗？
每一样东西似乎都在消散，
也不再有紧握、怒火与伤感，
只剩平静月光的舒缓。

浮动……

融入暮色昏暗……

在空间的极限，

栖息着荒芜的精神。

我长久地渴望这种感受，

现在它终于来到。

清醒的天空，

在黎明以前，

艳丽、辉煌与灿烂。

……爱……

在这段非比寻常的经历结束后，尤里娅的祖母来看望她：

她在我的舌下塞进一粒种子。

"这是治疗悲伤和绝望的良药，"她说，"让它发芽吧。"

是祖母让我死而复生……

原始之卵裂开，水开始流动。恰克神①和波龙扎卡布②放声大笑。

风之太阳击中了我，用它的闪电。

我开始呼吸。

---

① 玛雅神话中的雨神。
② 玛雅人的闪电之神和丰收的守护神。

除颤器如闪电般穿透我的身体,我的心又跳动如前。
我清醒不眠。

在这个腐败与提炼的过程中,尤里娅受到成长的激励。她经常以土著妇女的身份独自旅行,前往世界各地的圣地进行朝觐。她获得了葬礼仪式的博士学位,记录了墨西哥亡灵节仪式和西藏水祭中的深层模式,在这些仪式中,我们触摸并握住死者的遗体。如今,她在联合国从事土著居民权利方面的工作。闲暇时,她会到恰帕斯州保护云雾林。

当我问起尤里娅的经历时,她以"奈基亚"作为解释,这是一种致敬荷马的《奥德赛》第十一章的旅程叙事,而"奈基亚"这个词在古希腊语中意指尸体。尤里娅讲解说,在大多数宗教里,都存在以故事、传说、诗歌和神话等形式呈现的有关来世之旅的描述,包括古希腊的"哈迪斯"[①]、亚伯拉罕传说中的阴间或地狱、挪威人的瓦尔哈拉[②]、藏传佛教里的中阴[③]、土著纳瓦人的米克特兰[④]或土著玛雅人的西巴尔巴[⑤]。一次"奈基亚",如同一场濒死的体验,包含着腐败——自我的消亡,提

---

① 古希腊神话中的冥王,宙斯与波塞冬的兄弟,宙斯与得墨忒耳之女珀耳塞福涅的配偶神。同时,哈迪斯也指代阴间或冥府。
② 北欧神话中死亡之神奥丁款待阵亡将士英灵的殿堂。
③ 指轮回中死后生前的过渡状态。
④ 指纳瓦人和阿兹特克文化中的地下世界。
⑤ 指墨西哥尤卡坦半岛上通往地下世界的大门。

炼——在屈从、混乱和死亡中发现的一种飞向天空的升华感，以及成长——当我们回到清醒的生活中便能体会到。根据神秘敬畏的科学，"奈基亚"是我们为了理解我们接近死亡时的意识所讲述的故事。尤里娅告诉我，许多宗教和精神传统，从仪式到图像学，都来自我们理解生命奥秘的共同努力。

基于这种观点，我们可以仔细想一想，宗教和精神实践是如何通过我们其实已经考虑过的那些途径从敬畏体验中生发出来的。我们与敬畏相关的歌声变成神圣的声音、吟诵和音乐，容许我们表达并分享对神性的感受。通过以无数中美洲传统为代表的视觉艺术，我们描绘出在神秘敬畏中感知到的神圣几何。我们以激发敬畏的舞蹈讲述神灵的象征性故事。瑜伽提供的一系列身体姿势，常常宣示了我们对敬畏的身体表达，并给我们带来对神性的躯体化感受，正如二十世纪瑜伽导师和隐修者戈皮·克里希纳（Gopi Krishna）讲述的敬畏故事：

> 灯光越来越亮，咆哮声越来越大，我体验到一种晃动的感觉，然后觉得我自己滑出了我的身体，完全笼罩在一轮光芒之中……我感觉到作为我自己的那个意识点变得越来越大，被一拨一拨的光线包围……我现在全部变成了意识，没有任何轮廓，没有任何肉身附着的概念，没有任何来自感官的感受或感觉，沉浸在一片光的海洋中……沐浴在一片光亮中，处在难以言说的兴奋与幸福的状态中。

整齐划一的动作变身为宗教仪式。与敬畏相关的鞠躬、颤动、俯伏或仰望天空，都会引发仪式性的崇敬行为。这样的仪式带来一种共同的，成为大于自我的东西的一部分的生理机能、感受和关注。穆斯林践行每天鞠躬五次的礼拜，表明大脑中与有关接受的区域激活增强，反映出他们那种和大于自我的神圣力量相关联的感觉。

代表神秘敬畏的种种方式通常在基于敬畏的明智安排的群体空间中结合在一起，这种空间也是由能够实现集体敬畏体验的表征、符号和仪式构成的。大约 60% 的美国人具有宗教倾向，他们在教堂、祈祷、阅读宗教经文、聆听神圣音乐和思考生死时都会感受到神秘的敬畏。并不认同某种正式宗教的人创建他们自己的"寺庙"，在大自然或集体活动中找到神秘的敬畏，比如在唱诗班的歌唱中或舞蹈中，就像拉达·阿格拉沃尔所做的那样；或者是在冥想或瑜伽练习中；又或者像由美·肯德尔那样在音乐之中。如今，神性以多种形式呈现。

神秘敬畏的共同体验以形成更强大群体的方式改变了我们的自我。例如，涉及数千名参与者的实证研究发现，一种精神上的投入感与幸福感的增加、抑郁的可能性降低和预期的寿命延长存在关联，并在群体中传播更多的谦卑、协作、牺牲和友善。有一种新的理论主张，在我们的进化过程中，通过宗教形式培养这些倾向的群体，在与其他部落的竞争中表现得更好。这便是一种更明智的安排。

以神秘敬畏为中心的社区的毒害作用也被很好地保存了下来，并给世界带来了部落主义、种族灭绝和征服受青睐群体之外的人，这在历史上涉及了九十多个国家的妇女、有色人种和土著民族。榨取和专制的权力形式，以及颇具号召力的反社会者，常常在充满神秘敬畏的群体中找到受人尊敬的位置。考虑到他们的生活经历和文化背景，这是珍妮弗·贝利牧师、马尔科姆·克莱门斯·扬和尤里娅·塞利德温早已耳熟能详的事实。他们正在以某些方式为宗教堆肥，这些方式允许那种倾向的腐败，并提炼出一些必要的东西，以推动团结而非分裂的信仰和实践的成长。

迷幻敬畏

鲍勃·杰西（Bob Jesse）曾是甲骨文公司的工程师。来到加州大学伯克利分校后不久，我在午餐中得知，鲍勃被与致幻剂有关的体验所改变。那是一些通常来自植物的化学物质，与土著文化有着深厚的渊源，其中包括赛洛西宾、死藤水、佩奥特[①]，以及合成药物麦角二酰胺、摇头丸和二甲基色胺。得知我对敬畏感兴趣，鲍勃于2004年邀请我参加了一次聚焦致幻剂的科学研究的静修活动。

---

① 从一种蓝绿色的名为"佩奥特"的小仙人掌中提取的致幻剂。

我自己的迷幻经历是通往神秘敬畏的快车道，试图找到威廉·詹姆斯所谓的"宇宙中某种野性的东西"。仿佛受到了爱默生的哈佛神学院演讲的启发，我和罗尔夫还有我们的朋友在体验致幻剂的同时，也一头扎进生活的奇迹中，在伊基·波普①（Iggy Pop）演出的狂舞区域以整齐的节律颤动，在太平洋的轰鸣声中惊叹于沙粒的移动，在户外听到莫扎特的声音融入光线和桉树的气味，在金门公园的幼儿园艺术展览中漫步，目睹一只滨鸟死于藻类感染，以及在我们认为的死亡之舞中跃动。

直到今天，我体内的细胞中仍保留着一种迷幻敬畏的体验，那是我和罗尔夫在二十岁出头时在墨西哥锡瓦塔内霍的一次旅行，蒂莫西·利里②（Timothy Leary）在逃避法律制裁时就曾经跑到了那里。我们去了一趟"灯塔"，一个正适合我们的目的地，我妈妈曾在课堂上讲授过弗吉尼亚·伍尔夫那部具有变革力的《到灯塔去》(*To the Lighthouse*)。我们乘坐一艘小船来到地峡，灯塔就在它的远端。我们走过了几十只正在挖洞的红蟹，每只都抛出放射状的沙球来标记自己的领地，并且用可笑的大螯加以保护。它们的奇异和美丽让我们着迷。一棵树倒在沙地上，也许是一株小小的石兰，现在变成了疙疙瘩瘩的浮木，向我们伸出了手，它那光滑的树枝倾斜着，渴望着，寻

---

① 美国著名摇滚音乐人，被誉为朋克音乐的教父。
② 美国著名心理学家、作家，以其晚年对迷幻药的研究而知名。

求着触摸，盘算着，觉察着。

我们沿着小径走了几英里，左边是大海的险峻景色，太平洋被点亮了，洋红三角梅充满活力地跳动着。到达灯塔时已是汗流浃背，在温暖的阳光下，我们走进一个小小的圆形空间，从两扇窗户向外张望。海平面消失在纯净的折射光线中。房间的白色墙壁在墨西哥的灿烂阳光下熠熠生辉。狂风巨浪环绕着我们，回响着，盘旋着，移动着，重复着。窗台上放着一块粉红色的肥皂和一些生锈的铁钉。

那天对我来说，腐败的是"恼人的神经质，它……试图操控局势"。我经历了难以名状的、有时甚至是非同寻常的感觉——一阵风，强大得包容万物的太阳，罗尔夫和我之间可以相互渗透的边界，与之相伴的呼吸节奏，肩并肩的步伐，以及有规律的脚步声。还有一种对生活的荒诞发出的极端而盲目的嘲笑声，它破裂成声音的碎片，消失在风中。这是手足情谊的超验感情的提炼。

大约十五年后，在加州的米尔谷，我和一群科学家坐在一起，琢磨着如何研究迷幻敬畏。首先思考的一个问题是，我们如何衡量神秘的体验？幸好拉尔夫·胡德[①]（Ralph Hood）就在旁边。不得不说，拉尔夫与沃尔特·惠特曼有着惊人的相似之处。他将威廉·詹姆斯和神秘主义学者的著作变身为一份

[①] 美国田纳西大学心理学家。

调查问卷——"胡德的神秘量表",它将在致幻剂的新科学中占据重要地位。

下一个问题是,致幻剂果真能让人改变吗?和许多敬畏体验一样,人们说他们被致幻剂改变了。然而,另一种假设则是,人们只是认为自己已经改变,但实际上又回到了个人根深蒂固的思维和感受习惯。威廉·詹姆斯暗示了这种可能性,即神秘敬畏展现了我们个人的脾性。他观察到,有些人的神秘体验更乐观,比如沃尔特·惠特曼,而另一些人则更悲观,比如列夫·托尔斯泰。今天,一项重要理论认为,在转型时期,我们的身份更加有力呈现,以构建当下的体验。这个推理得出了一个讽刺性的预测:迷幻体验让我们更像自己,而不是以任何持久的方式改变我们。神秘的转变只是一种幻觉。从这些非凡体验的腐败中,我们只是提炼出我们真正是谁。

作为研究身份变化的专家,我在伯克利的同事奥利弗·约翰出席了会议。他有一种直觉,致幻剂让我们感受到更多体验。这种倾向体现在诸如"我提出了新的想法""我对艺术、音乐和文学着迷"和"我是独创的"等陈述中。研究表明,那些能感受到更多体验的人也乐于接受新观点和新信息,且富有创新精神和创造力,常常被艺术和音乐感动得打寒战和落泪,并倾向于同情与慷慨。你可能已经猜到,最典型的开放性情绪就是敬畏。或许致幻剂让我们更愿意诚实坦率。

神经科学家罗兰·格里菲斯(Roland Griffiths)仔细地听

着。几年来，在鲍勃·杰西的默默协助下，格里菲斯从第一次现场习得的实验中提炼出迷幻体验的核心——数千年来的土著传统赋予我们的神秘敬畏，同时考察它是否促进了研究参与者的成长。在一项双盲实验中，参与者接受了赛洛西宾或安慰剂，而实验者和参与者都不知道每个参与者得到的是什么。过程中，这些人在沙发上放松了八个小时，戴上眼罩听着音乐，旁边有治疗师和导师。所谓的"心态与背景"——人们如何面对体验及其发生的舒适环境——都得到了认真的实施。

在这项研究中，服用赛洛西宾有13%的参与者表示感到极其害怕，61%的参与者报告了当天的神秘经历。也就是说，他们在胡德的神秘量表上报告：

- 已经与某种比他们自己更强大的力量相融，
- 遇到了关于生活的重要真相，
- 感受到一种对神圣事物的崇敬，
- 体验到强烈的快乐与敬畏，
- 体验到失去时间概念和与周围世界的界限消融。

这一发现已得到复制：在多项研究中，有50%~70%的参与者报告说，致幻剂带来他们生命中神秘敬畏的一次最重大的体验。

是的，人们也在成长。与研究前的自我评价相比，两个月后,摄入少量能改变五羟色胺①水平的化学物质的参与者变得更乐于体验,他们的思想和心灵更愿意接受重要的观念、音乐、艺术、美丽、神秘和其他人。我认为,或许除了目睹孩子的出生、濒临死亡或与达赖喇嘛跳舞之外,没有其他体验能如此确定地产生神秘敬畏。

自格里菲斯的突破性实验以来,一系列研究将致幻剂视为一种解决我们最复杂问题的方法,例如抑郁症、焦虑症、饮食障碍、强迫症和创伤后应激障碍。人们发现,致幻剂可以降低抑郁和焦虑的水平和人们在患上绝症时可能感受的害怕程度。经过引导下的迷幻体验,80%的吸烟者明显减少了吸烟量,与酗酒抗争的人饮酒量也会减少,迷幻的体验还使我们更不容易犯罪。

致幻剂是如何让我们对生活的奇迹敞开心扉的?其中的神奇因素就是敬畏,这个简单明了的论点得到了亚拉巴马大学伯明翰分校的科学家彼得·亨德里克斯(Peter Hendricks)和约翰斯·霍普金斯大学科学家戴维·亚登(David Yaden)的支持。与这种想法一致的是,加州大学旧金山分校的神经学家罗宾·卡哈特-哈利斯(Robin Carhart-Harris)发现,致幻剂持续使默认模式网络失活,从而揭示出迷幻体验的一个核心的现象学维度,本我的死亡、消散或自我的消失都与改变大脑激

---

① 也称血清素,是一种影响情绪的神经递质。

活相关。致幻剂和敬畏一样，会减少大脑中与威胁相关的杏仁核区域的激活，使人们摆脱对创伤的威胁警戒、痴迷的想法或成瘾性，甚至对自身死亡的确定性意识。致幻剂会让人们感受到更多的共同人性，并缩小与他人的区别。这些化合物使我们在一次引导下的过程之后一年内变得更加无私，对他人更为好奇和开放。这些植物药是土著文化给予我们的，得益于他们为这些从分子中发现的神秘敬畏所进行的数千年的堆肥过程，我们因而确实找回了"宇宙中某种真正野性的东西"，与我们的"最大的幸福"非常接近的东西。

在印度的敬畏行走

2010 年，梅塔夫妇，尼蓬和古里卖掉了他们在硅谷生活的所有东西，冒着 120 度①的高温和雨季的倾盆大雨，步行六百英里穿行于印度的村庄，每天仅靠一美元生活。这对已婚夫妇追寻着圣雄甘地食盐进军的传统。当时，为了反对英国人的 1882 年《食盐专营法案》，甘地与数万名抗议者一起步行了二百四十英里，到海边抓起一把盐。以道德之美和整齐划一的动作推动的那场抗议到头来推翻了英国的殖民统治。这实际就是政治上的集体欢腾。

---

① 指 120 华氏度，相当于 48.89 摄氏度。

一天午饭时，尼蓬向我描述了他在这次朝圣之旅中的神秘敬畏。贫困的村民总是给他们食物，这是人类道德之美的第一步。在宾夕法尼亚大学的一次毕业演讲中，尼蓬将他在这场敬畏行走中学到的东西提炼成一个首字母缩略词"WALK"——W是见证，A是接受，L是爱，K是了解自己。① 在宏大而神秘的180度生活视角中，以每小时两英里的速度，在克尔恺郭尔②（Kierkegaard）所谓的与陌生人的"随意接触"中，我们找到了神秘敬畏。

2020年，尼蓬邀请我参加了一次在印度艾哈迈达巴德举行的，由他命名为甘地3.0的静修活动。受邀者包括科学家、政府官员、科技领袖和非营利组织的工作人员。于是，我带着二十岁的女儿塞拉菲娜，经过十六个小时的飞行，去参加在距离圣雄隐修处几英里的环境卫生研究所（简称ESI）举办的甘地3.0静修活动。这是一座简朴的研究所，其设立初衷是支持全国范围内的厕所使用，以致敬甘地最热心的事业之一，即将厕所引入印度。在他那个时代，所谓的贱民利用高于他们的上层种姓者的粪便进行堆肥。研究所的入口是一个厕所博物馆，里面有带注释的照片、模型、流程图以及厕所和下水道系统的历史。海报提供了有关堆肥的生命循环的课程。我们房间里的

---

① 这四个英文单词分别是 witness, accept, love, know。
② 丹麦宗教哲学心理学家、诗人，现代存在主义哲学的创始人，后现代主义的先驱，也是现代人本心理学的先驱。

厕所利用我们的排泄物进行堆肥，为研究所的葱茏土地提供养料。

有一天，在甘地隐修处，我们沉默地坐在萨巴尔马蒂河附近堆满沙子的广场上，甘地曾每天在此处冥想。我们在他曾经伏案写作、纺羊毛，并欣赏外面庭院景色的房间里沉思。在这样一个狭小的房间里，曾迸发出深远宏大的思想，激励了马丁·路德·金采取勇敢的行动，并在1964年激起了伯克利的学生们整齐划一的言论自由抗议行动，哺育了学生的反战运动，为罗纳德·里根的上台铺平了道路。历史总是伴随着敬畏潮起潮落。

静修中的一天，我在一棵印度国树——菩提树的温暖怀抱下采访了一对姐妹。妹妹特鲁普蒂·潘迪亚读过尼蓬和古里的朝圣故事，决心身体力行。出于对妹妹的担心，她的姐姐斯瓦拉·潘迪亚也只好随她一路前行。在五个多月的时间里，特鲁普蒂和斯瓦拉沿着像印度许多河流一样被称作"母亲河"的讷尔默达河走了一千六百英里，一路上接受陌生人提供的食宿。对特鲁普蒂来说，我们最大的幻觉——现代生活的匮乏心态——开始消退。每天都提炼出非凡的体验。这条河流，它的水流、倒影、回旋的光亮、激流与嘶鸣，听起来仿佛神的声音在告诉特鲁普蒂，生活的"每一步"都由"一种温和、善良的力量"引导。她和斯瓦拉自创了仪式，每天都向这条河致敬，向那些打开橱柜给她们提供食物的家庭表示感谢。在访问寺庙时，特鲁普蒂捧起被朝圣者的脚触碰过的鹅卵石。她感觉到自己被打动、被赋予力量、无所畏惧、充满活力。如今，她在一家遭虐待和遗弃的年轻妇女收容所工作。这便是腐败、提炼与成长。

在甘地 3.0 静修活动的最后一天，我们参加了一次结合了来自世界各地的信仰与实践的敬畏行走。我们绕着一个树叶覆盖的、雨水积淀而成的昏暗水池步行，按照佛教的传统，每走四步便躬身以额头触地，身边经过的许多人都触摸了树木。在这三十分钟的整齐划一的无声行动结束时，志愿者邀请我们从一大堆盐中抓出一把，仿效甘地本人正义勇敢的行为。我躬身以额触地，眼睛望向一边，与杰耶什·帕特尔进行了眼神交流。帕特尔是由他父亲创建的这座环境卫生研究所的主任，而他的父亲是由两位妇女养大的，这两位妇女在甘地遇刺时，曾将甘地揽在怀中。

然后，我们来到一片空地，大家都静静地坐着。我感到阳光照在我的右脸颊和额头上。附近是从我的那些经过堆肥的废物中生长出来的葱茏植被和树木，鸟儿们的鸣叫连成一片，我几乎能从它们的歌声中听出"呜"和"哇"。一阵微风掠过树梢，拂过地面。我可以感受到自己融入了明亮的天空，被拥抱，被环绕，我感觉到罗尔夫在微笑，而自己在天空中散开，分布在光线之中，与难以言说的某些东西关联在一起，找回了宇宙中某种野性的东西，诸如此类。

[第四部分]

享受敬畏的生活

CHAPTER
— FOUR —

第十章

生与死

敬畏如何帮助我们理解生死循环

那些年轻人与长者,他们的命运如何?

那些女性和儿童,又将有怎样的未来?

在某个角落,他们正安然无恙地活着,

即便是最小的嫩芽,也宣告了死亡并不存在,

即便死亡真的存在,它也只会推动生命前行,不会在终点等候,去遏止生命的进程,

生命一旦诞生,死亡便已消退。

万物演变且流传,无一沉沦,

而死亡,也远非人们臆想的那般,它甚至更为祥和。

——沃尔特·惠特曼

在我们的二十六项文化研究中,无论每种文化的宗教、政治、文化、医疗水平或预期寿命如何,人们都讲述了对生命的开始及早期发展过程中所感到敬畏的故事,以及在观看生命结束的过程中以超验的方式被打动的故事。

生命

与其他灵长类动物相比,我们的生命周期是我们进化过程中的一个决定性特征。人类的婴儿出生更早,其原因是我们这个物种向直立行走的转变所导致的女性骨盆的缩小,加上它与人类较大的头部不成比例,而人类较大的头颅是容纳能产生语言的大脑所必需的。事实上,人类婴儿是相当不成熟的,要花十到五十二年的时间才能实现半功能性的独立,假使真能活这么长时间的话。我们超级脆弱的婴儿需要多年面对面的、肌肤相亲的照看,加上一群照护者、一个安全的家和适当的教化才能生存下来。

在人类历史上,生儿育女是最被低估的勇敢行为。我们的二十六项文化研究揭示了新生命的出现是多么不同凡响,带来各种各样的顿悟。精子和卵子如何创造生命,一个人从母亲的子宫里生出来,这些自然而然的事情都令人震惊,正如下面这则俄罗斯故事所暗示的:

> 那是我女儿的出生。另一个人的到来,这真是一个奇迹!你给予的生命,伴随一个新生命的出现而结束的痛苦,第一声啼哭。面对着那个新生命,我呆呆地愣住了,很难表达我在那一刻的感受。

一些人写道，他们惊异于自己的孩子是多么美丽，就像这个来自墨西哥的事例，虽然有点浮夸。

> 我的第二个女儿出生了，她一生下来就非常可爱，与所有其他孩子都相反，那些孩子刚出生时可没有这么好看。

婴儿有一种令人惊异的体貌特征。一个婴儿昏昏欲睡的硕大前额、日本动漫里的那种眼睛、小小的嘴唇和下巴，都吸引了围观者敬畏般的注意力。在这种吃惊不已的状态中，喜爱至极的照护者忘记了新衬衫上的口水，常年缺少睡眠，非自愿的禁欲，也不会再有晚上出门吃饭或与朋友的聚会。我仍然能怀着敬畏之情回忆起第一次看着女儿纳塔莉的脸，当时她刚从莫莉的子宫生出来。我记得从她的眼睛、嘴巴、颧骨和前额——这套由六十个基因组成的面部形态系统中可以看到，几代的祖父母、叔叔姑姑、舅舅姨妈和一位母亲的几何结构形塑了她的面部特征与轮廓。

人们说起一个新生命的到来就如同一个礼物，比如下面这个来自印度尼西亚的例子：

> 见证我的长子的出生。那是一段长长的等待，从晚上十一点到早上七点，大约八个小时，在痛苦的分娩过程中，我一直陪伴在妻子身边。但是当儿子终于降生时，我简直

无法相信上帝授予我妻子的礼物是多么的美丽与奇妙。对于上帝赐给我们一个儿子,我体会到敬畏与感激,禁不住喜笑颜开。

对有些人来说,孩子的到来引发了关于时间的顿悟,就像韩国的这个故事:

> 怀孕时我感到的那种茫然的好奇,到我分娩时变成了对生命的惊叹与敬畏。我也感受到了对下一代的期许和喜悦,因为那就是自然法则。那也是一个认识到生命何其宝贵的机会。

关于保护新生命的职责,正如来自日本的这个故事:

> 在生下第一个孩子时,我深深地被成为父母的意识和责任,以及生命的宝贵感动。从现在起,我觉得我会拼命地活着,只是为了保护这个新生命。

许多叙述都提及了躯体化的敬畏反应,泪水、寒战、刺痛,以及抓住、触摸和感受肌肤温暖的冲动。这些故事的共同点是,人们都说到那种超验的、边界消融的联结感,这种感觉的神经生理机能正在得到逐步理解。最近的研究发现,在第一个孩子出生六个月后，父母双方均显示催产素水平的提升，这是一种促进边界消融的开放性和关联性的神经肽。称为内侧视前区（简称MPOA）的哺乳动物下丘脑的一个区域，激活了男女两性的养育模式，无论是异性恋还是同性恋。内侧视前区对婴儿的视觉和声音做出反应——皮肤、咕咕的叫声、拥抱、触摸、互相凝视、头顶的芳香和柔软。大脑的这一区域激活多巴胺的释放，并使对威胁敏感的杏仁核失活。这种父母和孩子同步的神经生理机能为共同的关注和交互主观性提供了基础，后者在对生活奇迹的敬畏体验中十分常见。

在很多故事中，人们从孩子的出生里发现了自己的道德之美，如俄罗斯和中国的这两个故事：

> 我儿子的出生已经是九年前的事了。我对产科病房很满意，我幸福地想拥抱整个世界。

> 孩子的出生让我真正有了敬畏之心。它让我看到了生命的不可思议，也让我在和周围人打交道时变得更加坚韧和宽容。

有些故事展示了孩子的到来如何触发人类在分娩临近时表现出的筑巢本能，这位来自巴西的爸爸所表现的这种本能还包括购买新家具和填写表格！

我第一个儿子出生于 1992 年。我当时在北里奥格兰德州纳塔尔，和我在一起的是我的第一任妻子。之前，我为了迎接儿子的到来买了新家具！他刚一出生，我就给他制定了一份健康保险计划。

除了鸟类之外，也还有数量有限的物种像我们一样"筑巢"。它们造的巢是后代出生的地方，群体成员从这里出去觅食，并返回这里一起安全地进食。我们创建的"巢"通常包含敬畏的文化记录，音乐、摇篮曲、书籍、具有道德之美的人物形象、有着美丽几何结构的手机、带有生活图案的壁纸等。这些巢变成了家，成为通往某种文化的敬畏方式的入口。

这种新照护者的情况对祖父母们来说也如是，他们常常对孙子孙女的到来感到敬畏，就像这个来自法国的故事：

我孙子的出生是一个敬畏的、充满激情的时刻。做 B 超的时候我在场，看到了一个小小的人。尽管我已是六个孩子的母亲，但在那一刻仍满心敬畏。我被打动了，欢喜不已，为孩子的出生而哭泣。我离开产房时兴奋难抑，我想向全世界喊出我的喜悦，同时又感到不知所措。这都是一些情绪满满的时刻。

我们是女性寿命明显超过绝经期的唯一一种灵长类动物。

人类历史上预期寿命的这种变化确保了擅长生育和养育后代的祖母们可以长寿，足以在狩猎采集时代和更晚近的历史上，与平均十九岁左右生育子女的年轻女性分享她们的智慧与实际才能。我们后代的脆弱性需要包括年迈祖父母在内的多方面精心呵护，他们希望在下一拨对孩子的关爱中找到新的敬畏。

对分娩的好奇和恐惧使南希·巴达克（Nancy Bardacke）在促进更充满敬畏的分娩方面取得了非凡的成就。20世纪60年代末，费尔南德·拉马兹（Fernand Lamaze）的自然分娩工作改变了巴达克。当时，美国文化对分娩进行了过度药物化，以至于分娩的妇女在生产时经常被麻醉至完全失去知觉的程度。她们第一眼看到婴儿时往往都认不出他们。南希是一名助产士，后来创建了一个清醒分娩计划，已将成千上万的人带到了这个世界上。她见到过各种情况，从把一个她知道很快就会死去的新生儿放进父母的怀里，到成千上万的高交感神经的、富含催产素的新生儿。在我们的交谈里，她这样描述自己的工作。

出生。

你看到了头顶，然后眼睛和脸颊慢慢出现了。喔，每次我都不敢相信孩子真能生下来，可每次孩子都生出来了。这是一个奇迹，见证生命的出现是一种荣幸。

我的工作就像一个孩子……它不属于我……它只是经

由我而来……
　　生与死是一切的隐喻。
　　吸气，我还活着。
　　呼气，我死去了。
　　奇迹！

在适当的环境下，分娩是对生命八种奇迹的多年探索的开始。我们的游戏方式将各种各样的奇迹介绍给孩子们，舞蹈中整齐划一的动作、露营、音乐、绘画和描绘野外的形状，并发现神圣的几何。充满敬畏的童年对孩子有好处。在一项很有说服力的研究中，与处于对照组的儿童相比，观看激发敬畏的自然视频的五岁儿童对如何玩新玩具更具想象力，并选择了较小的圆圈来形容他们自己，这是另一种衡量小自我的方式。我的合作者，密歇根州立大学教授丹蒂·迪克森、克雷格·安德森和我一起发现，随着孩子们的成长，经常感受到敬畏激发了他们在学校的好奇心，而且对资源匮乏学区的学生，预示着会有更好的学习成绩。

当今儿童生活中最令人担心的趋势之一是敬畏的消失。我们没有给他们足够的机会去发现和体验生活的奇迹。艺术和音乐课不在学校的预算之内。课间休息和午餐时间的自由玩耍正被提高考试成绩的培训取代，而考试成绩与孩子们在学校的表现关系并不大。教师必须针对这些考试开展教学，却不让学生参与开放式的提问与发现,而未知事物才是这些课程的核心之所在。孩子们的每一分钟都被安排好了,他们能体验的自然世界正在大范围地消亡。难怪年轻人的压力、焦虑、抑郁、羞愧、饮食失调和自我伤害都在增加。他们被剥夺了敬畏。

蕾切尔·卡森早在20世纪50年代就注意到正在发生的事情。她懂得敬畏的重要性,她的一生都在与制药公司、科学和新闻界针对性别与性方面的偏见做斗争,克服了妹妹早逝、自己罹患癌症和近乎持续的经济困窘,她书写了自己最喜欢的自然系统,向全世界发出有关滴滴涕等杀虫剂的警告,并通过影响巨大的方式开启了今天美国拯救我们地球的努力。

当意识到年轻人被以什么样的方式剥夺了敬畏,她在《女性家庭伴侣》[①](*Women's Home Companion*)上一篇引人注目的文章中提出了一种替代方法,那篇文章登在蛋黄酱和土豆沙拉的食谱与最佳食品的广告之间。在她那篇《帮助你的孩子找到奇迹》的文章中,卡森阐述了一种基于敬畏的育儿方法。

开篇是关于她二十个月大的外甥罗杰的一个故事,因为妹妹的早逝,她要抚养这个孩子。在一个狂风暴雨的夜晚,他们漫步到大西洋岸边,虽然浑身湿透,可能会感冒,但他们并不在乎泡沫翻滚的海浪,同时发现自己"对咆哮的无垠大海和周遭狂野的夜晚有一种毛骨悚然的反应"。后来,在缅因州森林里

---

① 曾十分畅销的一种美国月刊,从1873年出版到1957年。

的一次雨中行走之间,罗杰在岩石上呈现海绵状的地衣中发现了乐趣:"用胖乎乎的膝盖跪在地上去感受它,看完一块又跑去看另一块……伴随着快乐的叫声。"我敢打赌,这种叫声听起来像是长时间地张着嘴、瞪着眼睛的沉默之中的"嚑"和"喔"。

卡森认为,"在我们成年之前,对美丽和激发敬畏的事物的真正本能会弱化甚至消失"。她希望每个孩子都能生活在"一种如此牢不可破的好奇感中,它将贯穿一生,作为一种持久的解药,治疗晚年的无聊和幻灭、无用地关注虚幻事物和疏离我们力量的源泉"。

我们怎样才能和年幼的孩子们一起过一种敬畏的生活?我们自己该怎么做呢?卡森建议,首先,通过我们的感官发现敬畏与惊奇,从简单的、不受约束的、缓慢的注视行为中,观看云朵,仰望天空;其次,在聆听自然世界中,倾听风的声音。这样,用卡森的话来说,你就会发现"有生命的音乐","昆虫交响乐团"中"演奏小提琴的昆虫"。

她和埃德蒙·伯克一样,建议我们对宏大事物敞开胸怀。有个方法就是跟着一种昆虫的声音找到它的来源。我们可以对自然界的其他系统做同样的事情,雷声、海浪、雨、风、云、地上闪闪发光的松针、鸟的叫声、丘陵或山脉的轮廓。

不要信任标记和分类的行为,那是默认自我的通常表现。要避免将自然现象简化为言语。而应当从神秘事物开始。昆虫的声音去向哪里?种子的奥秘是什么?带着一个问题走近自然界和生活：如果我以前从未见过这些，那会怎么样呢？

神秘使我们意识到系统。仰望天空，倾听鸟儿的迁徙，跟随潮汐，观察幼苗的生长及其与土地的关系。观看森林中的地面，腐殖质、真菌和树根，现在我们知道，它们通过缓慢的神经化学信号进行交流，并在相互协作的物种构成的生态系统中紧密关联。

在这些充满好奇的探索中，我们遇到了一种顿悟，即"生活在地球的美丽与神秘中的人，永远不会孤独，也不会厌倦生活"。卡森用海洋学家奥托·帕特森（Otto Pettersson）的这句话结束了这篇令人大吃一惊的，在她自己和癌症搏斗时写就的文章。帕特森是一个具备道德之美的人，他在鱼类生物学、潮汐、深海和海面下大浪的研究中做出了开创性的发现。在九十二岁即将去世的时候，他说道："在我生命的最后时刻，支撑我的是对接下来会发生什么的无限好奇。"

死亡

在二十到二十一世纪的敬畏故事中，罗什·琼·哈利法克斯（Roshi Joan Halifax）是一个英雄。二十岁出头的时候，她在美国民权运动中参加抗议。在博士论文里，她研究了马里的土著多贡人，后来又研究墨西哥的维乔尔人，并见证了有数千年悠久历史的土著传统中的故事、仪式、典礼、音乐和视觉设计如何保存了神秘的敬畏。然而，她对研究生院的生活并不满意，于是做出一件20世纪60年代大多数感到疏离的博士生都想做的事，她买了一辆大众汽车，乘上前往北非的渡轮，自驾穿越村庄和田野，寻求一种更具群体性的精神。也就是一次敬畏行走。

20世纪70年代，她与斯坦尼斯拉夫·格罗夫（Stanislav Grof）有过一段短暂的婚姻。其间，她开展了一些早期的麦角二酰胺治疗实验，在约瑟夫·坎贝尔有关神话的作品中与之合作。在佛教僧侣一行禅师①的启发下，她经过多年的训练，也成为一名"禅师"，这对女性来说是非常罕见的。如今，琼禅师领导着新墨西哥州的乌帕亚禅修中心，那是一个训练人们以深思熟虑的方式接受死亡的机构。

琼禅师的《与死亡同行》(*Being with Dying*)一书讲述了她从这项为期四十多年的工作中所了解到的故事，尤其是有关青年男子死于艾滋病的情况。其中很好地记录了死亡是如何被过度治疗的，病人被转移到荧光灯映照下的医院消毒病房，各种机器和电视摆在房间里，旁边还有一盘盘吃了一半的"食物"。仪式、典礼、故事、音乐、歌曲、触摸和冥想练习使临终者和他们所爱的人能够安然度过这一变故，而不必进入医院病房，后者正是基于敬畏的明智安排的对立面。琼禅师的毕生

---

① 出生在越南的一位受人尊敬的禅宗佛教僧侣，积极参与和平主义运动。

工作就是让我们找回目睹他人离世的奇迹。

与濒死的人在一起，首要的原则是不去试图了解。让默认自我停止喋喋不休。我们不知道死亡是什么样子。事实上，也不知道之后会发生什么。保持开放的心态，观察，好奇。

第二个原则是承受见证。让濒死者引导这种体验。当面对死亡带来的不确定性、害怕和恐惧时，我们的倾向是采取行动，提供一个充满希望的解读，加以重新定义，或是拒绝接受。相反，琼禅师说，只要静静地坐着，聆听，把手放在濒死者的胳膊上，呼吸，任由死亡将你带到哪里。

最后一个原则是找到富有同情心的行为。敞开怀抱接纳痛苦与伴随它的善意。研究表明，我们对他人的痛苦普遍会有两种反应：要么是用自己的痛苦来回应，这会导致我们在皮质醇的刺激下转身离去，要么是满怀同情，这对那些遭受痛苦的人和目睹这种痛苦的人更好。在琼禅师教授的一项练习中，你吸入一个人的痛苦，将其转化以后再呼出去。生命与死亡的循环像我们的呼吸一样，是众多循环里的一种。

眼看着罗尔夫度过他生命周期的最后一个夜晚，脉动的光野将他拖入某种宏大的事物，我受到这种明智的引导，要归功于阅读琼禅师的书并与她交谈。我欣然接受了目睹生命周期中的这一阶段。我想知道，他活着的大脑和身体在最后一刻的想法和感受是什么样子的，即弗吉尼亚·伍尔夫所谓的"在大脑中飞速闪现无数信息的内心深处的火光跃动"。

为理解那种"跃动"现象，科学家们今天正在研究死亡后大脑中的细胞活动。其他偏好历史的人则编纂了有关斩首后意识的故事，比如那个关于夏洛特·科迪（Charlotte Cordai）的故事。1793年，在断头台被斩首后，科迪被行刑的人扇了一巴掌，然后她显示出因愤怒而涨红了脸。我搜索文献，寻找那些我并不知道的东西，并在濒死体验（简称NDEs）的新科学中找到了慰藉。

这门科学是基于尤里娅·塞利德温这样的人从死亡边缘返回的故事。讲述这些故事的人是在几乎致命的心脏病发作、中风、车祸外伤中幸存的人，或是攀岩过程中坠落造成骨折后躺在花岗岩板上的人。濒死体验的故事听起来像是敬畏的故事，也的确从我们的二十六项文化研究中涌现出来，比如这个澳大利亚的故事：

> 我在分娩时被宣告死亡。当处于意识改变的状态中，我感受到了最不可思议的平静与安详。我看着他们为了挽救我而对我的身体做了什么，我记得当时在想"他们为什么不停下来……我正在与自己和这个世界和睦相处。"我当时的丈夫冲了进来，我知道现在我还不能死，因为两个年幼的女儿还需要我。我立刻回到了自己的身体里。之后过了大约七个小时，我才生下了我的儿子凯尔。

在有关濒死体验的科学文献中，就像上面的故事一样，人们报告说他们的默认自我在消失，他们正与意识的一种更大力量或形态相融，这种意识让人感觉到无限、纯粹、重要和仁慈。经验的展开似乎不受我们默认思维的时间和空间规律的支配。超验的情绪洒在他们的身上，有同情、爱和幸福，以及敬畏。在我弟弟生命中的最后一晚，我从他的脸上感觉到了这种情绪。

罗尔夫去世以后几个月，我和莫莉一起去了日本。在我们来到京都第一天的黄昏、创纪录的台风带来的大雨中，我来到城外一座小山上的墓地。日本家庭用花岗岩墓碑来纪念逝者，它们彼此相邻，覆满了青苔，随着时间的推移慢慢倾圮倒地。这是日本的"侘寂"，也就是残缺之美的观念，即所有形式的进化，从自然的到人造的，都遵循着一种创造、出生、成长、腐败和死亡的循环。草木葱茏的丘陵下，一片泛着泥土气息的杂乱坡地上，我站在大概十五块排列整齐的墓碑前，它们分成三行，每块高约两英尺，有些墓碑上刻有日文，造型各不相同。其中一块比较小的，表面是普通的花岗岩，倾斜着靠在旁边一块较高的墓碑上。他们一起休息，在雨中相互触摸。

那天晚上，目睹弟弟的生命周期结束，让我心生敬畏，然后又深深地失去了敬畏。我去寻找敬畏，想知道如何再次前行。在对生活八种奇迹的敬畏中，我懂得了我们的存在并非以肉体的最后一次呼吸结束。在和煦微风和温暖太阳的拥抱中，我感受并听见了罗尔夫的声音。在超越我们日常见闻之外的感觉空间里,他和我分享着某种意识。我感觉到,我们所爱的人,以及我们在敬畏生活中的同伴,在他们离开后,仍以更加神秘的方式与我们同在,又带来崭新的生活奇迹。我还能感觉到,这些经验可以在寻求敬畏的过程中找到,这将引导我们进入最后一章。

第十一章

顿悟

敬畏的重要理念：我们是比
自我更大的系统的一部分

当地球这颗行星按照固定的引力法则旋转不息，数不尽的最美丽、最奇妙的形态已经从如此简单的开端进化出来，且还在继续进化。

——查尔斯·达尔文

查尔斯·达尔文的情绪常常引发他的重要观念，包括情绪的科学，而敬畏的故事只是其中的一章。他一直在照顾女儿安妮，直到她在十岁时去世，这改变了他有关同情对进化的益处的思考。对人类同胞持有的谦卑的好奇心，使出身于特权背景的达尔文与工人阶级的养鸽人进行交谈。后者通过育种技术可以发现具有特定品质或适应能力的品种，这让达尔文大开眼界。当贝格尔号的船长罗伯特·菲茨罗伊精神崩溃时，达尔文那种亲切愉快的性格将船员们团结在一起，并在长达五年半的航程里创造出无与伦比的奇迹。

敬畏或许影响到达尔文对进化的思考吗？

在 1871 年《人类的由来》(The Descent of Man)和 1872 年《人与动物的情绪表达》(The Expression of the Emotions in Man and Animals)这两本书里,达尔文从哺乳动物进化的宏大叙事里发现了我们今天所体验的情绪。阅读他对四十多种情绪表达的描述是一种顿悟,那是对情绪表达的最丰富描述,也许仅次于日本艺术家小林清亲(Kobayashi Kiyochika)1883 年的系列版画《一百张面孔》。可是,达尔文从未在这些描述中使用"敬畏"一词。

对他来说,常常作为一种宗教情绪的敬畏,也许是一个精神的战场。讲述一个关于哺乳动物在敬畏中进化的故事,将挑战他所在时代的神创论教义,而那也正是他虔诚的妻子艾玛所遵守的。那种教义认为,我们那些超越自我的情绪,如幸福、快乐、同情、感激和敬畏,都是上帝的杰作,通过某种形式的明智设计,被置于我们的身体和社会生活当中。也许达尔文是出于维持家庭和睦而回避了敬畏。

弗兰克·萨洛维(Frank Sulloway)大概比你可能遇到的任何学者都更了解达尔文的生活和工作细节,所以我到他的办公室进行了拜访,为的是解开那个谜团,达尔文的敬畏之谜。弗兰克的办公室就是其思想的外在表达。挂在墙上的镶框照片是他在十八次加拉帕戈斯群岛旅行中拍摄的,都是一些很有吸引力的照片,有海龟、粉色火烈鸟和仙人掌点缀的火山景观。他电脑上的黄色便利贴写着潦草的统计学公式。最突出的是三英尺高的一摞《达尔文和他的熊:达尔文熊和他在加拉帕戈斯群岛的朋友们如何启发了一场科学革命》,这是弗兰克新写的一本儿童读物,书中的主角是一只熊,它讲述了自己是如何引导达尔文获得其发现的。

1969 年,弗兰克在哈佛大学的毕业论文中写道,他在前一年夏天组织了一次八个人的拍摄探险,追寻达尔文乘皇家海军贝格尔号远航期间在南美洲留下的足迹,并着重阐述了贝格尔号航行对达尔文的科学研究和朝向进化论的转变所发挥的作用。这篇论文包括对达尔文在航行期间写给家人和导师约翰·史蒂文斯·亨斯洛的所有信件进行的计算机辅助内容分析。

弗兰克在哈佛大学攻读科学史的博士学位时,写了一篇有关弗洛伊德的论文,后来编著成《弗洛伊德,心灵生物学家》(*Freud, Biologist of the Mind*)这本书,并为他赢得了麦克阿瑟天才奖①。但是弗兰克告诉我,弗洛伊德的吸引力很快就消退了,他的思想似乎只是一种封闭而傲慢的自圆其说。

弗兰克继续回到了达尔文。他身上那种充满智慧的勇气、谦逊和善良吸引了弗兰克这位学者进入了他的生活。在其研究生工作及随后的四十年学术生涯中,弗兰克根据贝格尔号的航海日志和达尔文自己的概述,回顾了达尔文在加拉帕戈斯群岛

---

① 创立于 1981 年的美国跨领域最高奖项之一,颁发给在各个领域内具有非凡创造性的杰出人士,获奖者一般被看作本专业的领军人物。

上的足迹。他写了一本畅销书《天生叛逆》，概述了达尔文作为一个晚生子女的身世——他在六个兄弟姐妹中排行第五——如何让他拥有一种开明、博学、冒险和心怀敬畏的革命生活与思想。目前，他正在整合数万项新的科学研究成果，以修订达尔文的《物种起源》。在业余时间，弗兰克带头参加对加拉帕戈斯群岛的保护，限制山羊的数量，那是一个破坏岛屿生态系统的入侵物种。他人的道德之美可以成为我们自己生活中的道德指南针，对弗兰克来说，达尔文是一个拥有道德之美和转变人生力量的人。

在哈佛大学一英里赛跑中颇具竞争力的弗兰克，除了印度食物，其他东西吃得很少。我向他请教了有关达尔文的敬畏。

"弗兰克，为什么达尔文写到了'惊讶''钦佩'和'虔敬/崇敬'，而没有'敬畏'？他担心写出宗教情绪，或是与艾玛产生冲突吗？"

弗兰克摇了摇头。

"那不合情理……更有可能的是，人们在十九世纪中叶并没有使用'敬畏'这个词。到谷歌趋势上试试，看看你能搜到什么……"

果不其然，从谷歌趋势上发现，自1990年以来，"敬畏"一词的使用量大幅增加。达尔文对"钦佩""崇敬"和"虔敬"的使用恰好符合当时的语言习惯。不过，这一小小的侦探工作让弗兰克产生了另一种想法。他继续说道。

"但达尔文确实经历过寒战。其中一次是在剑桥国王学院听到管风琴声。"

当天深夜,弗兰克给我发来有关达尔文为音乐而寒战的故事,我们在前文中曾用它阐释了音乐敬畏。他补充了达尔文自传中的下面这一段落,关于他对绘画感到的敬畏——"崇高感":

> 我经常去费茨威廉美术馆,我的品位一定很不错,因为我总是对那些最优秀的画作赞不绝口,并与老馆长进行深入的探讨……虽然这种品位对我来说并非天赋,但也持续了好几年。在伦敦的国家美术馆中,许多绘画都给我带来了不少的乐趣,尤其是塞巴斯蒂安·德尔·皮翁博[①](Sebastian del Piombo)的作品,让我油然而生一种崇高感。

在他的办公室里,弗兰克继续惊叹不已。

"当然还有,在亚马孙雨林中,当他提到'大自然的圣殿'时。"弗兰克接着说。

"现在我想起来了,他在日记里写到在智利的奇洛埃从梦中醒来。那时,达尔文在一条河的岸边对紧密缠绕的藤蔓感到敬畏,后来在《物种起源》的最后一段中提到了这件事,这是

---

① 中世纪意大利的一位威尼斯画派的画家。

达尔文的所有著作中我最喜欢的部分。"

弗兰克停顿了一下,用堪比 20 世纪 40 年代的电台人物那种满怀崇敬的语气,引用了《物种起源》中的结尾几句话:

> 端详着一片枝蔓缠绕的河岸是很有意思的,它披着形形色色的植物外衣,鸟儿在灌木枝头歌唱,各类昆虫轻快地飞来飞去,蠕虫爬行在潮湿的土壤里。仔细想一下,它们的形态多么精巧,彼此之间多么不同,却又以如此复杂的方式相互依赖,都是出自作用于我们身边的自然法则。从最广泛的意义来说,这些法则就是伴随着生殖的生长,隐含在生殖中的遗传。由于生活条件的间接和直接作用,以及使用和废弃所引起的变异,生殖率如此之高,以至于带来生存竞争,结果就导致了自然选择,造成性状的分化和改进不够的形态的灭绝。因此,从自然的战争中,从饥荒和死亡中产生的,我们能够想到的最值得赞美的对象,即更高等的动物,便接踵而来。这是一种伟大的生命观,它认为生命及其种种力量,最初是由造物主呼出来的,注入了少数几种或仅仅一种形态之中;它还认为,当地球这颗行星按照固定的引力法则旋转不息,数不尽的最美丽、最奇妙的形态已经从如此简单的开端进化出来,且还在继续进化。

其中一段包含了达尔文的顿悟——生命已经进化出来,且还在继续进化。我把达尔文生活和写作中的这一刻当作一个敬畏的故事。它根植在以某种新的方式来看待世界的一些基本真相。这段话遵循了人们熟悉的敬畏展开方式：有奇迹（"端详……是很有意思的"）、宏大（"形形色色的植物""数不尽的……形态"）、神秘（"复杂的方式"）和善良（"最美丽"）。和我们读过的其他敬畏故事一样，达尔文也求助于隐喻——"披着……植物外衣"，造物主将生命"呼出来"。正像在传统的生态学知识里，达尔文看到了物种之间意义深远的相互依赖。我们找到了对令人敬畏和可怕的事物的和解，"自然的战争"催生了"最美丽的无尽形态"。在河流附近的一片枝蔓缠绕的河岸，鸟儿在灌木枝头歌唱，各类昆虫轻快地飞来飞去，蠕虫在潮湿的土壤里做着堆肥工作，达尔文从中看到了进化、成长、繁殖、遗传、变异和灭绝的规律。出于敬畏，达尔文发现了"伟大的生命观"。

生活中枝蔓缠绕的河岸

敬畏关乎认识、感觉、看见和理解基本真理，它能让我们顿悟生活的八种奇迹，改变我们对世界根本性质的看法，威廉·詹姆斯将其称为神秘敬畏的"纯理性"维度。爱默生在大自然中的精神体验揭示了"万法之法"，这是他对生命意义的理解中最深刻的诠释。珍牧师在教堂的顿悟告诉她，她是被上帝所爱的。文学研究也谈到顿悟,比如在弗吉尼亚·伍尔夫的《到灯塔去》里面,或者詹姆斯·乔伊斯①(James Joyce)的《一个青年艺术家的画像》(*Portrait of the Artist as a Young Man*)中斯蒂芬·迪达勒斯(Stephen Dedalus)的顿悟,社会现状的意义被剥离,关于我们社会生活的本质真相得到阐释。对于托妮·莫里森来说,从通过让善良自我表达而获得的顿悟之中,我们开始理解自己。

敬畏顿悟的实质和结构是什么?这是一个重要的观念吗?我们在敬畏的体验中获得了什么样的自我认知呢?在我们的研究和已经遇到的敬畏故事中,人们最可靠的说法是:"我是比我自己更大的事物的一部分。"对于贝琳达·坎波斯来说,正是她的前辈们做出的一系列巨大牺牲让她能够获得博士学位。对于斯泰西·贝尔来说,那只是一场误入歧途的军事行动中的一个小小齿轮。对于路易斯·斯科特来说,是他看到自己的生活受到"建构于"这个国家之上的种族主义历史的禁锢。对于由美·肯德尔来说,它是音乐史的一部分。敬畏将我们置于比我们更强大的力量之中。

英语没有提供丰富的词汇来表达这种和大于自我的事物相关联的感觉,所以我们只好自行其是。对于讲日语的人,这项任务要容易得多,因为在日语里,对"自我"的一种翻译是

---

① 爱尔兰作家、诗人,后现代文学的奠基者之一,其作品及"意识流"思想对世界文坛产生了巨大影响。

"jibun"，意指"共享的生活空间"。鉴于此，说英语的人借助抽象、隐喻、新语汇或神秘语言来描述这一重要敬畏的观念。威廉·詹姆斯称之为"至关重要的神秘力量"；玛格丽特·富勒称之为"全者"；沃尔特·惠特曼和亨利·戴维·梭罗称之为"系统"；拉尔夫·沃尔多·爱默生在公众的不屑一顾中称其为"透明的眼球"；对由美·肯德尔来说，它是一条声音的羊绒毯；对罗斯-林恩·费希尔来说，是一个神圣的几何结构；而对珍妮弗·贝利牧师来说，它是一个永恒的宗教堆肥的循环。为我们讲述了敬畏故事的许多人，通常口齿清晰、善于描述心灵和精神的问题，比如克莱尔·托兰、罗伯特·哈斯、史蒂夫·克尔、尤里娅·塞利德温和马尔科姆·克莱门斯·扬，他们只是朝着某种空间做出手势，在那个空间里，敬畏可以触摸他们，包围他们，拥抱他们，嵌入他们。

敬畏将我们与其关联的，比自我更大的事物是什么呢？最初它是不可见的，但是在敬畏的体验中变得可见了吗？他是抵制描述与公式化的，但看起来像是一个形象或整体的模式，类似达尔文从梦境中醒来，看到了生活中枝蔓缠绕的河岸，同时默认自我对感知的控制也被放松和化解了吗？

我的答案是：它是一个系统。我意识到，"系统"并没有"超自然"的神秘，也没有"透明眼球"的疯狂眼神，更不用说"声音的羊绒毯"那种诗意之美或"为宗教进行堆肥"的深度隐喻。然而，在几乎每一个探索领域，从细胞研究到对舞蹈、音乐、仪式和艺术的正式分析，再到对宗教、监狱、政治和知识分子运动的研究，以及针对理解这些事物的我们的大脑的研究，人们都开始诉诸系统的概念来理解生命奇迹的深层结构。值得注意的是，系统思维居于已有数千年历史的土著科学的核心地位。这是一个古老的、重要的观念。它可能是我们这个物种的重要顿悟。

系统是由相互关联的要素组成的实体，它们一起运作以实现某些目标。当我们通过这个系统的视角观看生活时，我们是以关系而不是分离的客体来看待事物。在政治游行中受到鼓舞时，我们可能会注意到我们的抗议声和向空中挥舞的拳头是如何与其他人的声音联系在一起，并与发言者的话语同步的。当注意到一首歌会给我们带来寒战时，我们能感觉到音符之间是如何以动态的、逐渐展开的模式相互关联的。

以这种方式思考，我们可以感知相互依赖的关系模式。这里应当引用达尔文的一句话："它们的形态多么精巧，彼此之间多么不同，却又……相互依赖。"我们正在了解的各种生命形态，从我们细胞中的 DNA 到我们群体中的个人，都在不断地展开相互影响、相互依存的协调与合作。看着穿过街道的人流，或五名队友在球场上的动作，或绘画中的颜色、线条、形式和纹理的相互作用，或惊叹于生态系统中的生命，我们全面地感知到这一整体的各个部分是如何共同努力实现某个目标的。

在系统思维中，我们注意到现象是如何成为、演变和展开的过程。生活就是变化。我们的群体总是在不断进化。自然是关于成长、变化、死亡和腐败的。音乐和艺术在不断变化，它们通过变化激励我们的思想和身体。我们的精神信仰和实践在不断腐败、提炼和成长。

确定的、可预测的事物，即这个世界的一成不变的、确凿无疑的本质总是在吸引我们的默认思维方式。一旦察觉变化，我们便心生敬畏。我们感觉到落日从橙色变成深紫蓝色，云朵在地平线上移动时的变化，一个只有膝盖那么高的两岁孩子有一天对你说出一整句话，而他们刚刚还在叽叽喳喳地叫唤，非暴力的食盐进军是如何改变历史的，以及认识到那些出生和成长的事物也会衰老和死亡。

最后，通过系统的视角，存在的和创造的现象都是由根据统一的目的将其不同元素结合在一起的品质所驱动。这可能是他的生活令你流泪的某个人的道德之美，或者是让我们在舞蹈中与他人同步的音乐节奏，或者是关于人类灵魂的信仰，或者是为这个世界带来数不尽的最美丽形态的，在自然界中为生存而展开的竞争，又或者是艺术之中表达的敬畏感受。

通过直觉、形象和隐喻，我们从整体上感受到一个系统的鲜活品质，史蒂夫·克尔的金色光芒，由美·肯德尔的声音的羊绒毯，珍妮弗·贝利牧师的为宗教进行堆肥，尤里娅·塞利德温对濒死意识的诗意描述，还有查尔斯·达尔文的枝蔓缠绕的河岸，连同作为其作品中心隐喻的那棵树，将他的观察与对生物形态进化的理解结合起来。敬畏使我们得以看到生命奇迹的底层系统，并将我们自己与之联系起来。

系统的奇迹

生活的八种奇迹本身就是系统。道德之美的行为具体地说明了我们的道德体系。舞蹈之类的整齐划一的动作方式、日常的仪式和篮球等属于观念驱动的运动系统，将人们集合在一起。自然界由相互联系的系统组成，从我们体内的细胞到花园、森林、大海和高山。音乐、艺术、电影和建筑是一种创意的系统，它们运用自己的符号和表现风格来表达身份与文化的重要观念。宗教是一种将人们凝聚在群体中的，由信仰、仪式、符号、形象、音乐、故事和典礼组成的系统。生命是一个系统，它那充满活力的特质追随成长和腐败的动态变化。有关系统的概念也是一个系统，一组抽象的命题，将观察和解释组成一个连贯的整体。

我们发展出一种系统的生活观，以适应我们高度社会化的进化中的核心挑战。系统思维使我们能够遵循对于脆弱年幼者的共同照护，定义我们与朋友之间关系的人际网络，我们所追求的更具流动性的社会层级制度，以及构成我们日常生活所有形式的集体活动——食物分享、协作劳动、防御和庆典。系思维出现在我们与自然的关系中,构成传统生态知识的基础。我们的生存取决于我们对自己作为其一部分的社会系统,即群体的理解,以及我们与生态系统的关系。我们的大脑开发了一种系统的理解方式,它是基于我们的社会性大脑的新神经结构。许多土著人在几千年前就形成了有关生命之伟大的观点。

正如安德烈娅·伍尔夫(Andrea Wulf)在她那本精彩的《自然的发明》(*The Invention of Nature*)中所说的,十九世纪的科学家亚历山大·冯·洪堡的生平故事体现了系统思维在敬畏、科学和艺术中发挥的核心作用。怀着好奇的精神,洪堡被吸引到安第斯山脉,并将自然描述为一个生命之网,每一种生命形态都存在于"一个由力量和相互关系构成的网络"中。他为高达两万英尺的厄瓜多尔钦博拉索山的动植物、气候和地质绘制了地图,在西方人的思想中催生出生态系统的概念。系统是洪堡的重要理念,它影响了达尔文,后者乘坐英国皇家海军贝格尔号旅行时就带着洪堡的书;它也影响了梭罗和爱默生有关自然的写作,高迪①(Gaudí)的圣家族大教堂那种系统的建筑奇迹,环保主义者和西蒙·玻利瓦尔等革命者——因为洪堡痛恨奴隶制,还包括像柯尔律治和华兹华斯这样的诗人。系统思维一直在进行堆肥。

我们的默认思维方式使我们无法理解这样一个根本事实,

---

① 西班牙建筑师,塑性建筑流派的代表人物。

即我们的社会、自然、物质和文化世界是由相互联系的系统组成的。敬畏的体验让我们欣然接受了这个重要的观念。敬畏让我们转向一种系统的生命观。

新的研究正在记录这是如何发生的。得到这些结果的模式就是，敬畏将我们的思维从一种更为简化的、分离而独立地看待事物的方式，转变为一种将现象视为相互关联和相互依赖的观点。举例来说，短暂的敬畏体验使我们从二十世纪和二十一世纪的认为我们是独立自我的幻觉中挣脱出来，认识到我们嵌入了相互依赖的个人组成的复杂社会网络。敬畏让我们意识到，我们是自然世界的一部分，是众多物种里的一种，居于不同物种为了生存而相互依赖的这个生态系统之中。它让我们接受了这样一种观点，即相互依存适应的复杂系统产生了构成生物界的丁百万物种。敬畏甚至让我们看到了安排随机数字序列的类似系统的作用模式。

敬畏让我们明白，生命是一个过程，所有数不尽的最美丽的形态都是紧密相连的，其中包含着变化、转型、无常和死亡。

在生命系统中找到我们的位置

自从那一天，在保罗·埃克曼（Paul Ekman）的露台上，当他向我指出敬畏的方向时，我便开始绘制敬畏的系统来讲述有关敬畏的科学故事。

敬畏始于我们神奇的眼睛、耳朵、鼻子、舌头和皮肤对生活的八种奇迹中的形象、声音、气味、味道和触摸的敏锐感知。我们的感官系统以神经化学的方式捕捉这些体验，并将它们传递至前额叶皮层，在那里我们借助语言和文化等符号系统诠释这些生活奇迹。被敬畏打动会触发催产素和多巴胺的释放，平复与压力相关的生理机能，激活交感神经反应，千百万细胞组成的系统使我们能够建立联系、保持开放和探索。面部、身体和发声器官中的复杂肌肉系统让我们可以向他人传递我们发现的奇妙事物。泪水和寒战都是隐藏在我们眼睛后面和皮肤下面的系统对敬畏的终极反应，它们向我们有意识的头脑发出信号，表明有宏大的力量需要我们为了适应和理解这个世界而与他人融合。作为文化生物，我们转向不断演变的文化系统，包括吟诵、歌曲和音乐，绘画、雕刻、雕塑和设计，诗歌、小说和戏剧，以及超自然的解释和精神实践。这些构成了我们的敬畏档案，使我们能够与他人共享对生命奇迹的理解。

但敬畏的目的是什么，它的统一意图何在？我的答案是，敬畏将我们融入生活的系统，包括群体、集体、自然环境和文化形态，诸如音乐、艺术、宗教，以及我们的头脑对其所有复杂观念的理解。敬畏带来的顿悟是，这种体验将我们的个体与生命的宏大力量联系起来。我们在敬畏中理解到，我们是许多比自我更宏大的事物的一部分。

作为这段有关敬畏的科学描述的一部分，我意识到，我们这一物种的进化在我们的大脑和身体中构建了一种情感,也就是人类所特有的激情,它使我们能够一起思考生活中的重大问题:生命是什么?我为什么活着?我们为什么都会面临死亡?这一切都是为了什么?当挚爱的人离我们而去时,我们为什么会心生敬畏?对于这些永恒的追问,我们的敬畏体验暗示了一些微妙的答案,并引领我们走向生命的神秘与奇迹。

致　谢

想到我在敬畏科学领域中拥有的庞大合作者网络，我便感到如此的温暖。克雷格·安德森，白杨，贝琳达·坎波斯，塞雷娜·陈，丹尼尔·科达罗，丽贝卡·科罗娜，艾伦·考恩，丹特·迪克森，阿米·戈登，萨拉·戈特利布，克里斯托夫·格林，乔恩·海德特，奥利弗·约翰，尼哈·约翰-亨德森，迈克尔·克劳斯，丹尼尔·洛厄，劳拉·马鲁斯金，加仑·麦克，玛丽亚·蒙罗伊，约瑟夫·奥坎波，克里斯·奥维斯，保罗·皮弗，迪萨·索特，拉尼·希奥塔，艾米利亚纳·西蒙-托马斯，埃夫提希娅·斯塔姆库，丹尼尔·斯坦卡托，珍妮弗·斯特拉尔，托德·斯拉什，杰西卡·特蕾西，奥兹格·乌格鲁，埃弗雷特·韦奇勒，戴维·亚登，费利西亚·泽尔瓦斯，以及张家伟。这项科学研究的深入开展得到了克里斯托弗·斯塔夫斯基和约翰·坦普尔顿基金会的大力支持。对于那些与我分享了他们的时间和敬畏故事的敬畏先驱者们，我在这里向他们躬身表示谢意。我要感谢巴里·博伊斯，尤里娅·塞利德温，纳塔莉·凯尔特纳-麦克尼尔，莫莉·麦克尼尔，迈克尔·波伦和安德鲁·蒂克斯，他们仔细阅读了我的作品。在与克里斯·博阿斯，内森·布罗斯特罗姆，丹尼尔·克雷特克·科布，奇普·康利，克莱尔·法拉里，罗什·琼·哈利法克斯，杰夫·哈茂伊，塞拉菲娜·凯尔特纳-麦克尼尔，卡斯珀·特尔·库伊莱，迈克尔·路易斯，埃文·夏普，丹·西格尔，杰森·席尔瓦，马蒂亚斯·塔尔诺波利斯基，乔恩·蒂加尔和尼克·尤伦进行有关敬畏的讨论时，我感到非常愉快。谢谢你，杰森·马什，你在至善科学中心带来许多关于敬畏的谈话。我一度对写作本书犹豫不决，起初并不知道应当采取什么样的结构。作为我的代理人，蒂娜·贝内特引领我找到了这本书的结构和灵魂；她通过频繁地通信为我指出历史、文学和文化中的敬畏潮流，并针对不同的书稿给我提出建议。想到此处，我仍然能感到一身鸡皮疙瘩。对于和安·戈多在本书上开展的工作，我能说的只有一声"哇"。这是一次多么令人谦卑且开放思想的经历。谢谢你，安，感谢你对超验内容的兴趣，感谢你利用针对这种神秘情绪的灵光一闪的顿悟来指导我的写作，感谢你推动我超越了资料、数字和假设而理解了敬畏的本质。